Dieses Buch ist voll mit
schönen Buchstaben,
detaillierten Anleitungen
und praktischen Tipps
...und das Beste daran ist:

DIESES BUCH GEHÖRT
jetzt dir!!!

…und plötzlich weißt du:

Es ist **Zeit**, etwas **Neues** zu beginnen, und dem **Zauber** des **Anfangs** zu vertrauen.

Meister Eckhart

INHALTSVERZEICHNIS

VIEL SPASS!

Das Geheimnis des Erfolgs ist anzufangen.

MARK TWAIN

„Um erfolgreich schön zu schreiben, benötigt man kein teures Equipment. Ein bisschen Übung, ein klein wenig Ausdauer, Konzentration, ganz viel Inspiration und vor allem Spaß sind die Zutaten für kleine handgemachte Kunstwerke."

Vorwort

Schön gezeichnete Buchstaben sieht man heutzutage überall: In der Werbung, an Hausfassaden, beim Einkaufen und auch im Internet sind sie allgegenwärtig. Hand-Lettering ist ein Trend, der in der DIY-Kultur mittlerweile sehr beliebt ist. Handgemachtes und Handwerk werden generell wieder mehr geschätzt, denn darin stecken Charme und Persönlichkeit. Mit gezeichneten Buchstaben kann man Wörtern eine Form geben und deren Botschaft unterstreichen.

Übung macht den Meister ...

... so auch beim Hand-Lettering, es lohnt sich also in jedem Fall dranzubleiben: Zu meinen Anfängen hätte ich mir nie gedacht, dass ich zu diesem Thema einmal ein eigenes Buch veröffentlichen würde – das ist doch der beste Beweis dafür! Ganz nach dem Motto von Mark Twain, kann man schon nach kurzer Zeit erste Erfolge verbuchen. Aber Achtung: Es besteht Suchtgefahr! Hat man erst einmal damit angefangen, kann einen das Hand-Lettering ganz schnell in den Bann ziehen! Was bei mir mit einem Gedanken und anschließendem Hobby begonnen hat, ist inzwischen zur beruflichen Leidenschaft geworden. Eine Leidenschaft, bei der ich nach wie vor sehr viel üben muss, aber auch wunderbar entspannen kann.

Es gibt sehr viele Gründe, sich mit Hand-Lettering zu beschäftigen – aber ein Grund steht bei mir ganz klar im Vordergrund:

Entspannen & Abschalten

Es kann sehr erholsam und entspannend sein, mit Stiften, Pinsel und Papier zu hantieren – abseits von Computer, Trubel und Alltagsstress. Einfach mal das Telefon ausschalten und in die Welt des Letterings abtauchen. Vielleicht hörst du dazu gute Musik oder du machst es so wie ich und genießt einfach die Stille um dich herum. Nimm dir einfach deine persönliche Lettering-Auszeit und lass deiner Kreativität freien Lauf.

Du benötigst für den Anfang kein teures Equipment und auch keine großartigen Vorkenntnisse. Du hast keine schöne Handschrift? Das macht nichts, darum geht es beim Hand-Lettering in erster Linie gar nicht! Lass dich von diesem Buch einfach inspirieren, probiere dich aus, finde deinen eigenen Stil und hab vor allem auch Spaß und Freude daran. Vielleicht bekommst du dann ja Lust auf mehr! Das Beste daran: Du kannst einfach beginnen – überall und zu jeder Zeit.

Zwei Dinge möchte ich dir gerne auf deine Lettering-Reise mitgeben:

1. Es ist noch kein Meister vom Himmel gefallen – es klingt banal, aber es ist so ... auch ich muss täglich üben und mich weiterentwickeln.
2. Hand-Lettering hat nichts mit Perfektionismus zu tun – wenn es dir gefällt, ist es perfekt so, wie es ist.

Also, ran an die Stifte und viel Spaß, Freude und entspannte Stunden beim Lettern, Schreiben und Buchstaben Zeichnen.

Katja

Kalligrafie

Bei der **Kalligrafie**, der Kunst des „Schönschreibens“, zählt vor allem die perfekte Ästhetik. Man arbeitet mit Federhalter und Tusche oder Tinte. Durch einen dünnen Aufstrich und den dicken Abstrich entsteht der kunstvolle Kalligrafie-Effekt.

Moderne Kalligrafie

Die **Moderne Kalligrafie** richtet sich nicht strikt nach den Regeln der traditionellen Spitzfeder-Kalligrafie (siehe oben). Sie ist individueller und bietet mehr Gestaltungsspielraum, um den Schriftbildern einen modernen Touch zu geben. Dünne Aufstriche und dicke Abstriche machen auch hier den Kalligrafie-Effekt aus, müssen jedoch nicht so exakt ausgeführt werden wie bei der klassischen Kalligrafie.

Typografie

Unter **Typografie** versteht man das Zusammensetzen fertiger Schriften. Früher wurden dafür Blei- oder Holzbuchstaben vom Drucker gesetzt. Diese Technik wird beim klassischen Buchdruck oder Letterpress-Verfahren noch immer angewendet. Viel häufiger entstehen Schriften heute aber am Computer.

Beim **Hand-Lettering** wird nicht geschrieben, sondern gezeichnet. Mithilfe von unterschiedlichen Werkzeugen entstehen individuelle Schriftbilder. Jeder einzelne Buchstabe, jedes Wort oder jeder Schriftzug erhält so ein außergewöhnliches Erscheinungsbild mit einem einzigartigen Charakter.

Für das **Brush-Lettering** kommt ein Pinsel oder ein Pinselstift zum Einsatz, gearbeitet wird mit Tusche oder Aquarellfarben. Je nachdem, ob ein kleiner oder ein großer, grober Pinsel/Pinselstift verwendet wird, entstehen unterschiedliche Schriftbilder. Wie bei der Kalligrafie sind der dünne Aufstrich und der dicke Abstrich wesentliche Elemente des Brush-Letterings.

Faux Calligraphy (Falsche Kalligrafie) ist eigentlich eine Übungstechnik für die Kalligrafie. Mit einem Bleistift oder Fineliner wird ein Wort geschrieben, ein zweiter Strich verstärkt alle Abstriche. Nun kann man den Doppelstrich als gestalterisches Element stehen lassen oder die beiden Striche miteinander verbinden, wodurch wieder der „Kalligrafie-Effekt" entsteht.

LEARN
THE
RULES
FIRST
THEN YOU CAN
BREAK THEM

DIE BASICS

Hand-Lettering funktioniert – im Unterschied zur Typografie – auch abseits strikter Regeln, weshalb auch keine Vorkenntnisse dafür notwendig sind. Ein kleiner Einblick in die Basics der Typografie kann zu Beginn jedoch trotzdem nicht schaden, macht es doch oft den kleinen, aber feinen Unterschied im Endergebnis, wenn man weiß, worauf man achten muss.

DER BUCHSTABENAUFBAU

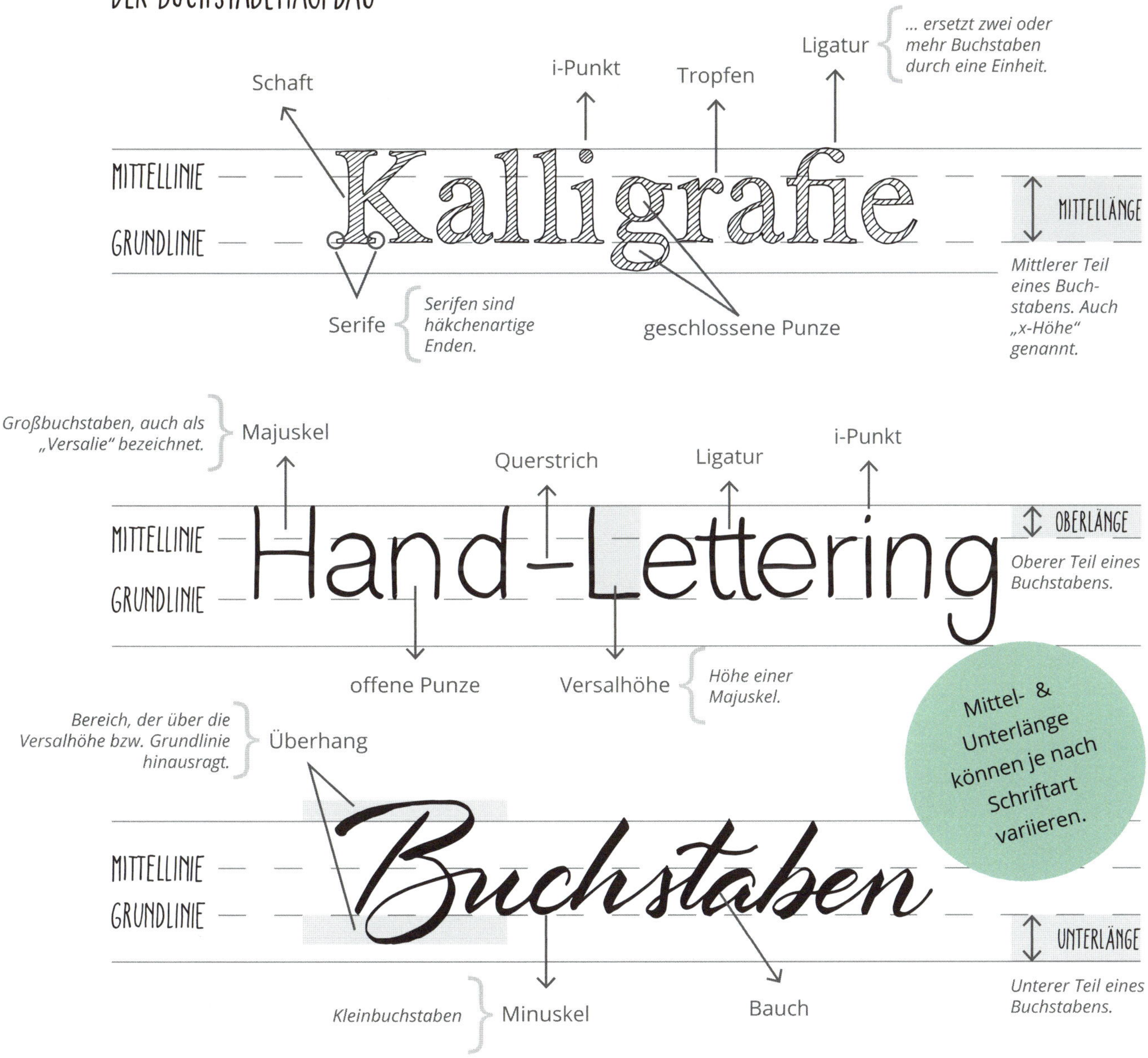

DIE BASICS

Abseits der Buchstaben-Anatomie gibt es Fachbegriffe, die auch beim Hand-Lettering verwendet werden. Begriffe, mit denen sich Schriften und Buchstaben charakterisieren sowie auch unterscheiden lassen. Hier zeige ich euch eine kleine Sammlung verschiedener Beispiele:

WEITERE TYPOGRAFISCHE BEGRIFFE

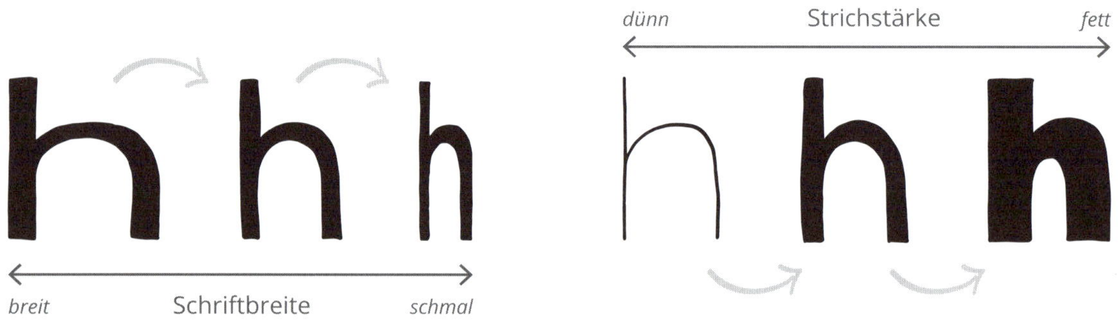

Schriftschnitte (z. B. Strichstärken, Schriftbreiten, kursive Varianten ...) können sehr unterschiedlich aussehen.

In erster Linie bei Serifen-Schriften gibt es einen echten Kursiv-Schnitt. Dabei wird der kursive Buchstabe neu gezeichnet. Erklärung: Linkes „e" ist normaler Schriftschnitt, rechtes „e" Kursivschnitt.

Im Gegensatz dazu findet man bei serifenlosen Schriften meistens einen sogenannten Schrägschnitt vor. Dabei wird der normale Buchstabe einfach schräg gestellt.

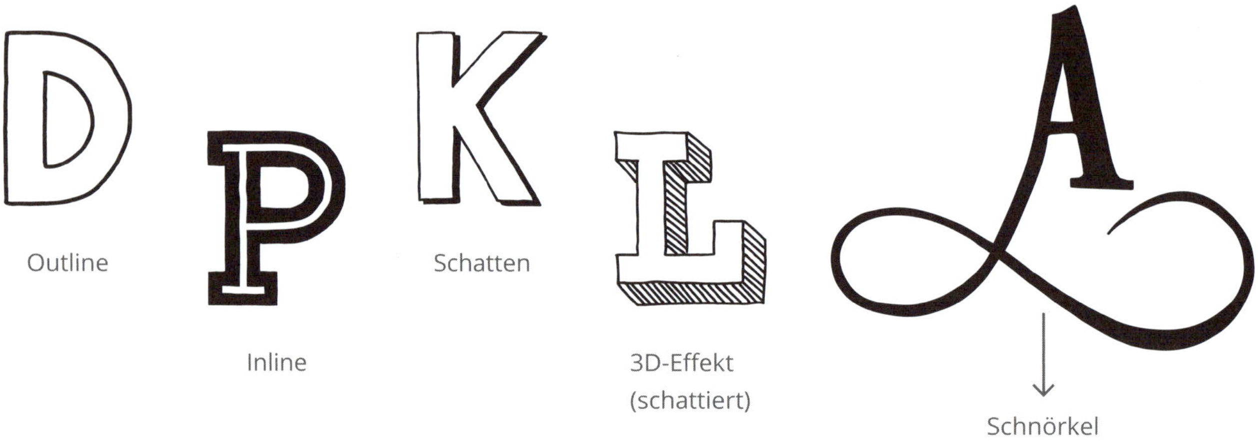

LIGATUREN

Anwendungsbeispiel einer Ligatur

Die Ligatur verbindet zwei oder mehrere Zeichen zu einer Einheit, wodurch störende Überschneidungen vermieden werden.

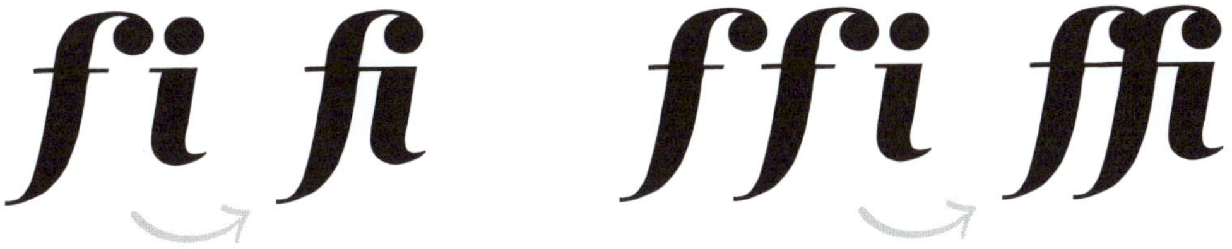

Eine der bekanntesten Ligaturen ist das „et"-Zeichen (&), das aus dem Französischen stammt. „Et" steht für „und". Es ist eine Verbindung aus den beiden Buchstaben „e" und „t" und wird in den unterschiedlichsten Formen verwendet.

GLYPHEN

sind die grafische Darstellung eines Buchstabens, Symbols, Sonderzeichens oder einer Ligatur innerhalb eines Schriftsystems.

ZIFFERN

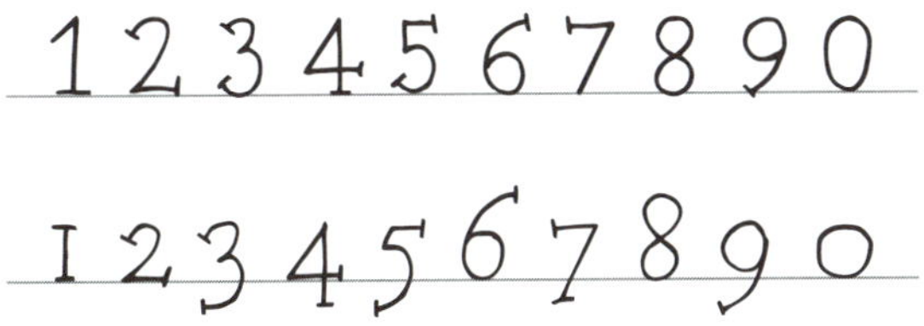

Bei den Ziffern unterscheidet man zwischen Mediävalziffern und Versalziffern. Versalziffern haben die Höhe von Großbuchstaben und sind an der Grundlinie ausgerichtet. Sie sind nicht so gut lesbar wie Mediävalziffern, welche Unterlängen haben und sich somit besser ins Gesamtbild des Fließtextes integrieren.

MOLOTOW
GRAFX ART MASKING LIQUID PUMP MARKER
edding® 1340 brushpen
LYRA AQUA BRUSH Duo
MICRON 08
MICRON 05
MICRON 03
MICRON 02
MICRON 005
Dr. Ph. Martin's
BLEED PROOF WHITE
ECOLINE
801
Higgins
Eternal
Black Ink
PIGMA BRUSH
FABER-CASTELL
TK 9400
STAEDTLER
Mars plastic
Tombow ABT 373
Tombow ABT 076
Tombow ABT N89
TOMBOW ABT 346
Tombow ABT N00
Tombow

MATERIAL & WERKZEUG

Ich gebe zu, dass ich wahrscheinlich gleich viel Geld in Stifte, Papier, Pinsel und Farben investiere, wie andere Leute in Schuhe und Handtaschen. ;) Aber keine Sorge, du kannst auch ohne große Investitionen mit dem Lettering starten. Denn alles, was du anfangs dazu brauchst, hast du bestimmt schon zu Hause. Schnapp dir einfach einen Bleistift und/oder Fineliner, einen Radiergummi, ein paar Blätter Papier (blanko) sowie einen passenden Linienraster aus dem Buch (letzte Seite) und schon bist du gerüstet.

Diese Utensilien* dürfen auf meinem Schreibtisch nicht fehlen:

Pssst!
Du findest alle Linienraster aus diesem Buch auch auf meiner Website unter **www.papier-liebe.at/vorlagen** zum Downloaden.

BLEISTIFT

- Fallminenstift von FABER-CASTELL (TK 9400), Härte: 4B
- Grip 2001 von FABER-CASTELL, Härte B

sehr weiche und weiche Bleistifte, für Skizzen geeignet, lassen sich gut radieren

FINELINER

- PIGMA MICRON (005/01/02/03/05)
- STAEDTLER pigment liner (0.3/0.5/0.7)

FEDER & FEDERHALTER

siehe Seite 22

BRUSHPEN/PINSELSTIFT

siehe Seite 30

PAPIER

- RHODIA Pad (blank oder dots)
- CANSON XL Marker
- COPIC Marker Pad Bleedproof
- FABRIANO® Block Bristol

SONSTIGES SCHREIBWERKZEUG

- MITSUBISHI PENCIL CO., LTD.
  uni-ball signo PIGMENT INK (weiß) & SPARKLING (Silver, Gold)
- edding Gelroller (diverse Farben)

ZUBEHÖR

- STAEDTLER Mars plastic (Radiergummi)
- Tombow MONO zero 2.3 (Radiergummi in Stiftform für detailliertes Radieren)
- Lineal/Geodreieck (Noname)
- MOLOTOW™ GRAFX™ ART MASKING LIQUID (Maskierstift mit Pumpsystem), 2.0 fine
- Diverse Spitzpinsel
- Aquarellfarbkasten (Schmincke)
- FINETEC-Farbpalette (alle Metallic-Farben)
- KURETAKE Gansai Tambi (Wasserfarben)

Natürlich gibt es da noch einiges mehr, aber das würde hier definitiv den Rahmen sprengen!

** Ich möchte darauf hinweisen, dass die Auswahl der angeführten Marken ausschließlich auf meinen persönlichen Vorlieben basiert.*

DON'T

wish

for it.

work

FOR IT.

Linienraster

Um zu Beginn ein einheitliches Schriftbild zu erhalten, ist es hilfreich, mit einem „Linienraster" zu arbeiten. Alle Buchstaben sitzen auf der Grundlinie und werden in einem Linienraster mit drei Abschnitten angeordnet. Kleinbuchstaben reichen bis zur Mittellinie. Großbuchstaben und Buchstaben mit Aufschwüngen (z. B. „b", „d", „l") reichen bis zur Oberschwunglinie, Buchstaben mit Abschwüngen, (z. B. „g", „j", „y") reichen bis zur Unterschwunglinie.

Die Schräglinie gibt den Winkel vor, in dem die Buchstaben geschrieben werden. Positioniere dein Blatt am besten so vor dir, dass diese Schräglinien mehr oder weniger senkrecht zu dir zeigen.

Die Grundübungen auf der nachfolgenden Doppelseite sind die Basis für alle Buchstaben. Es macht Sinn, diese immer wieder zu üben. Einerseits zum Aufwärmen, andererseits um die Linien, Formen und Schwünge zu verinnerlichen, aus denen in weiterer Folge die Buchstaben zusammengesetzt werden. Man kann sich mit diesen Übungen außerdem auch wunderbar mit neuen Schreibgeräten vertraut machen.

TIPP:
Auf den letzten Seiten dieses Buches findest du fertige Linienraster. Diese Vorlagen kannst du ganz einfach verwenden. Lege sie zum Üben am besten unter ein Layout-Papier (ca. 70 g/m²) und fixiere sie an den Kanten mit einem Washi-Tape. So kann die Vorlage beim Schreiben nicht verrutschen. Wenn du fertig bist, kannst du den Linienraster ganz einfach wieder entfernen.

Aufwärmübungen

Starte jedes Projekt mit einer Aufwärmübung. Es braucht seine Zeit, um Finger, Muskeln und die Gedanken auf das bevorstehende Projekt einzustimmen. Beginne zuerst mit geraden Linien und mach dann weiter mit Kurven und Rundungen bis hin zu komplexeren Formen. Versuche alle Striche in der gleichen Strichstärke und demselben Winkel anzuordnen. Auch die Zwischenräume der einzelnen Linien und Formen sollten konstant sein. Nimm dir viel Zeit für diese Übungen und führe sie langsam und bewusst aus. Du kannst diese Übungen mit jedem beliebigen Stift machen. Zu Beginn empfehle ich einen nicht zu harten Bleistift oder einen Fineliner. Übungen für Spitzfeder und Brushpens findest du auf den nachfolgenden Seiten.

FAUX CALLIGRAPHY

auch „Fake Calligraphy“ oder „Falsche Kalligrafie“ genannt

Schritt 1

Nachdem du dich mit den Grundstrichen und Formen vertraut gemacht hast, können wir uns nun den ersten Buchstaben widmen. In der Kalligrafie wird der Abwärts-Strich mit einem Druck auf die Spitzfeder ausgeübt (siehe Seite 24), wodurch ein dicker Strich entsteht. Wie schon erwähnt, lässt das Wechselspiel zwischen dünnen Aufwärts- und dicken Abwärts-Strichen den sogenannten Kalligrafie-Effekt entstehen. Um dieses Prinzip besser zu verstehen, eignet sich Faux Calligraphy (mit Bleistift oder Fineliner) hervorragend. Schritt 1: **Schreibe zuerst den Buchstaben.**

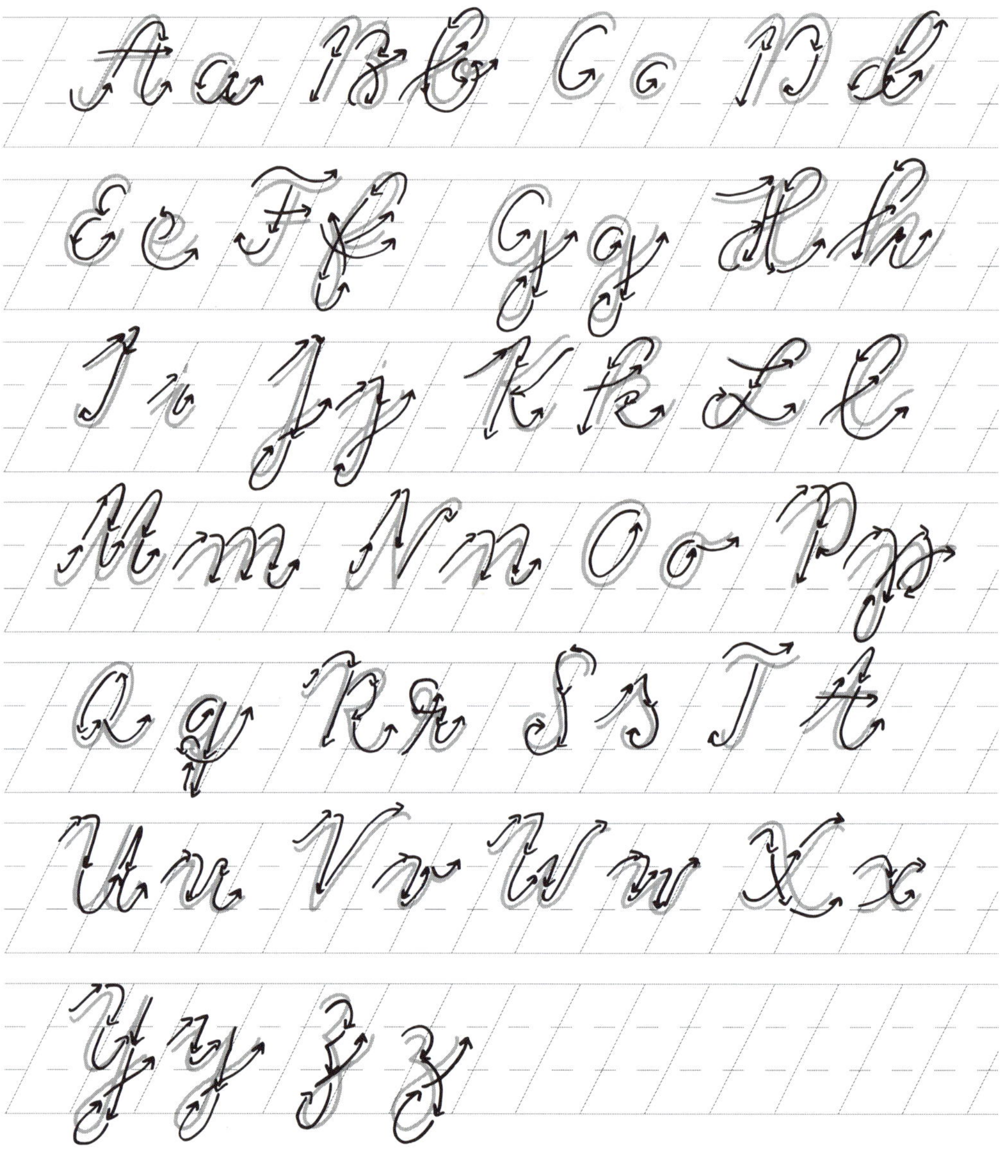

FAUX CALLIGRAPHY

auch „Fake Calligraphy“ oder „Falsche Kalligrafie“ genannt

Schritt 2

Schritt 2: **Verstärke alle Abwärts-Striche mit einer zweiten, versetzten Linie.** Überlege noch einmal genau, an welchen Stellen man bei den jeweiligen Buchstaben einen Abwärts-Strich macht. Diese Linien werden nun verstärkt. Das sieht bei dem einen oder anderen Buchstaben vielleicht etwas komisch aus – vor allem wenn sich die Linien kreuzen –, aber nach Schritt 3 sieht man davon bestimmt nichts mehr. Versprochen!

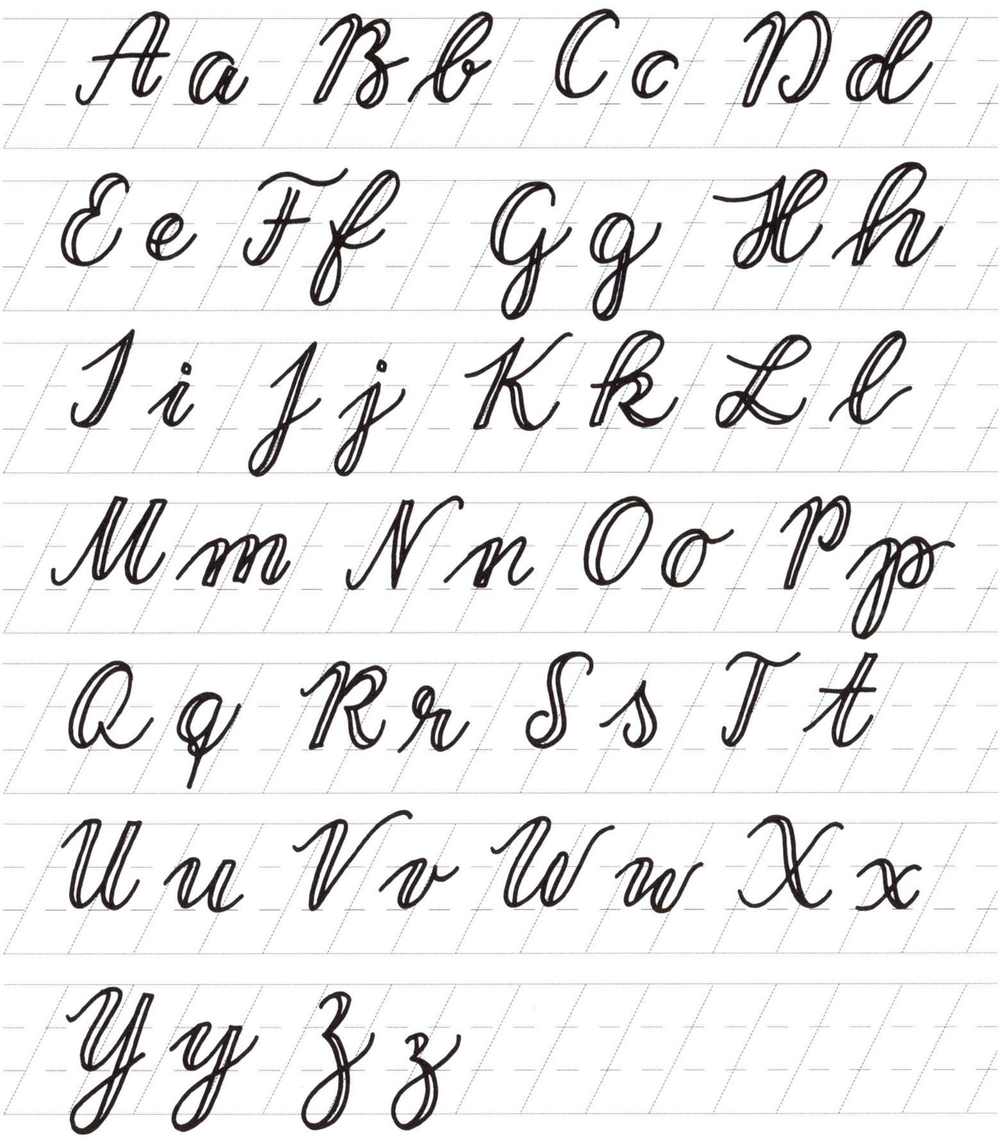

FAUX CALLIGRAPHY

auch „Fake Calligraphy“ oder „Falsche Kalligrafie“ genannt

Schritt 3

Schritt 3: **Die so entstandenen Zwischenräume werden nun ausgefüllt.** Hier sind deiner Fantasie keine Grenzen gesetzt. Vielleicht möchtest du die Zwischenräume nicht nur ausfüllen oder schraffieren, auch Farbe lässt sich wunderbar ins Spiel bringen. In jedem Fall hast du hier viele zusätzliche Gestaltungsmöglichkeiten.

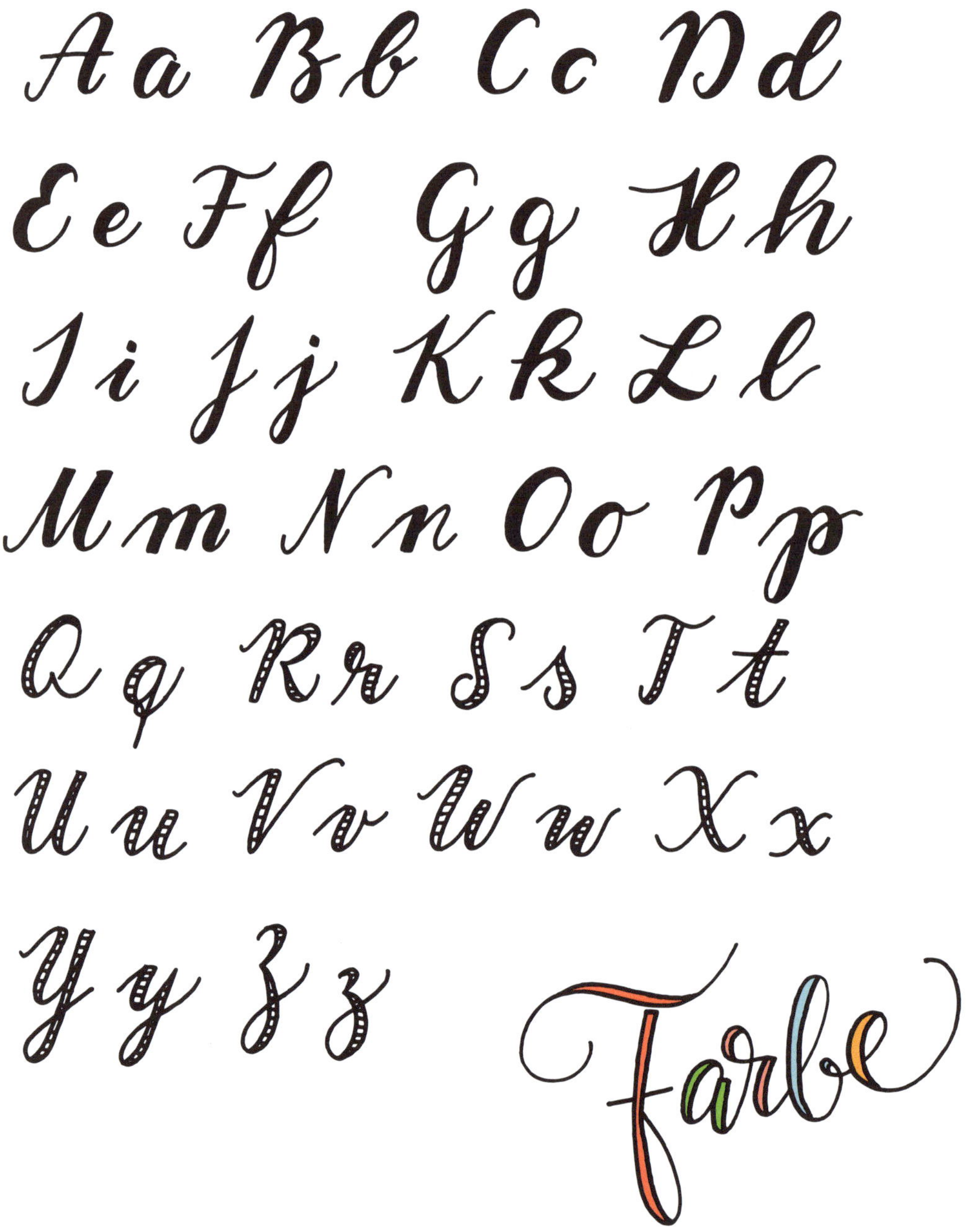

PLATZ ZUM ÜBEN

It's your ***turn!***

SPITZFEDER

Die Spitzfeder wird in erster Linie für die Moderne Kalligrafie verwendet. Zuerst einmal zeige ich dir das Material bzw. Sortiment, mit dem ich gerne arbeite. Neben unterschiedlichen Federhaltern besitze ich auch eine Menge Spitzfedern. Ich bevorzuge allerdings meine schrägen Federhalter (engl. „Oblique Holder") mit einer „Nikko G"-Feder – das ist eine moderne japanische Feder, die auch für Anfänger gut geeignet ist. Diese Feder ist zwar sehr steif, man kann mit ihr aber sehr dünne Linien zeichnen.

So findest du deine Lieblingsfeder: Am besten besorgst du dir eine kleine Auswahl und probierst sie aus. Letztendlich ist es deine persönliche Entscheidung, mit welcher Feder du am besten zurechtkommst.

Mit einem **„Oblique Holder"** erhält man schon von Haus aus einen bestimmten Schreibwinkel, ohne die Position des Papiers zu verändern (siehe auch Schräglinien auf Seite 15).

oben: Speedball Oblique
Günstiger schräger Federhalter aus Plastik

unten: normale & schräge Federhalter
aus heimischen Hölzern: Zirbe, Apfel, Birke, Nuss & Co.

Nikko G
Sehr steife Feder, gut für Anfänger geeignet, sehr robust und hält lange

Zebra G
Etwas flexibler als die Nikko G, für sehr dünne Linien geeignet

Brause EF66
Die Brause Extra Fine 66 ist eine sehr kleine Feder mit flexibler Spitze

MEIN LIEBLINGSPAPIER

Canson XL Markerpapier (lila Cover)
Dünnes, glattes Papier, das relativ durchsichtig ist, sich aber hervorragend dazu eignet, es mit einem darunterliegenden Linienraster zu verwenden.

Rhodia Pad (orange oder schwarz)
Ebenfalls ein schönes glattes Papier, von sehr guter Qualität. Die Tinte verläuft nicht.

TIPP: *Verwende ein paar lose Blätter als Unterlage, damit die Schreibfläche nicht so hart ist.*

Ich liebe meine kleinen Holzblöcke mit den dazu passenden Gefäßen für diverse Tinten- und Farbmischungen. So kann die Feder nicht in der Tinte versinken, der Farbtopf nicht umkippen und die Farben können in den kleinen Behältern gut aufbewahrt werden.

Das brauchst du außerdem noch: ein kleines Gefäß mit Wasser sowie ein Tuch, das nicht fusselt

TINTE VS. TUSCHE

Tinte ist dünnflüssig, wasserlöslich, nicht lichtecht, aber gut zum Üben! Man kann mit ihr sehr dünne Linien kreieren. **Tusche** ist lichtecht, enthält Farbpigmente und ist daher etwas dickflüssiger (z. B. für Dokumente).

Higgins Eternal Ink ist meine erste Wahl, wenn es um Tinte geht. Sie hat eine schöne, geschmeidige Konsistenz, mit der man auch als Anfänger sehr gut schreiben kann, und sie verklebt die Federspitze nicht.

Sumi Ink ist dickflüssiger und hat eine brillante glänzende Oberfläche. Sie ist jedoch in der Handhabung etwas schwieriger, da man sie hin und wieder mit etwas Wasser verdünnen muss, um den perfekten Schreibfluss zu erhalten. Außerdem muss man die Feder auch gelegentlich reinigen, da sie sonst verklebt. Nebenbei bemerkt ist der Geruch von Sumi Ink auch gewöhnungsbedürftig.

Sehr zu empfehlen sind auch – nicht nur für Spitzfeder & Kalligrafie – die **flüssigen Wasserfarben von ECOLINE**, die es in wunderschönen Farben gibt.

Wenn du gerne mit weißer Farbe auf dunklem Papier oder Karton schreiben möchtest, probier am besten **BLEED PROOF WHITE™** von Dr. Ph. Martin's.

Du kannst natürlich auch Gouache (muss mit Wasser auf die gewünschte Konsistenz angemischt werden), Aquarellfarben oder Walnusstinte verwenden, denn auch bei Tinte & Co. gilt: ausprobieren und deine persönlichen Favoriten finden.

Mein persönlicher Geheimtipp: FINETEC-Perlglanzfarben mit wunderschön schimmernden Farbpigmenten. Sie können wie Wasserfarben mit Wasser verdünnt und auch untereinander vermischt werden. Auf dunklem Papier oder Karton wirken die Farben einfach magisch.

SPITZFEDER

Nachdem du nun das Prinzip von „Faux Calligraphy“ kennst, können wir mit der Spitzfeder und dem richtigen Kalligrafie-Effekt arbeiten. Die unterschiedlichen Strichstärken entstehen hier durch den unterschiedlich starken Druck auf die Feder (= Schwellstrich).

Strichstärken

AUFSTRICH

(Aufwärts-Strich)

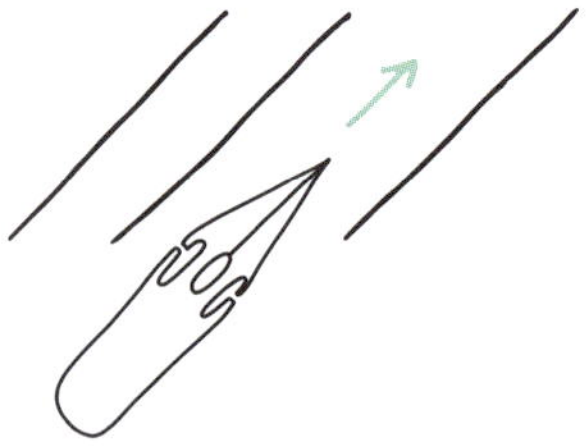

Um eine möglichst **dünne Linie** zu erhalten und damit die Feder nicht über das Papier kratzt, soll beim Aufstrich so wenig Druck wie möglich angewendet werden.

ABSTRICH

(Abwärts-Strich)

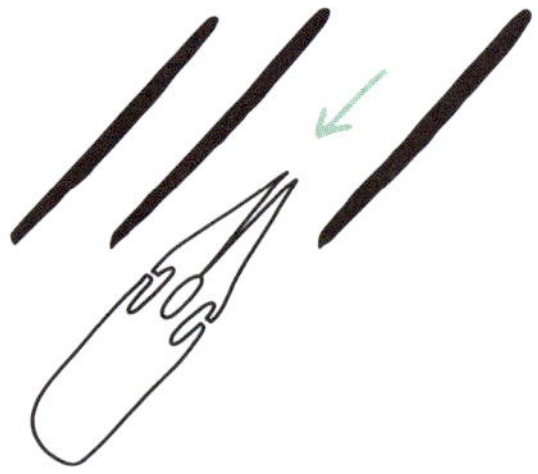

Beim Abstrich spreizen sich durch sanften Druck auf die Feder die Federspitzen, wodurch eine größere Menge Tinte fließen kann – so entsteht eine **dicke Linie**.

MITTELSTRICH

Der Mittelstrich wird mit ebenso wenig Druck wie beim Aufstrich ausgeführt. Beispiele für horizontale (Mittel-)Linien sind zum Beispiel der Querbalken beim „A“ oder „t“.

Gut zu wissen

Tauche die Feder so tief in den Tintenbehälter, bis das Reservoir (das kleine Loch in der Mitte) gefüllt ist.

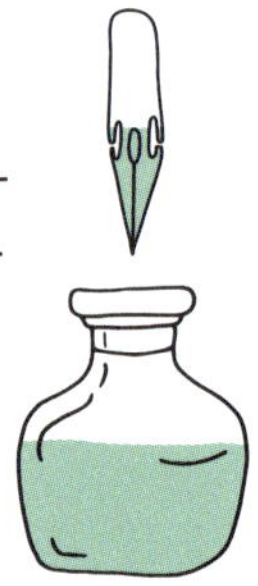

- Wenn die Tinte nicht richtig fließt, reinige die Feder mit Wasser und einem trockenen Tuch, das nicht fusselt.
- Bei neuen Federn kann der Tintenfluss anfangs etwas gehemmt sein. Hier genügt es, die Federspitze kurz mit einem Feuerzeug zu erhitzen. Danach noch einmal mit Wasser und Tuch reinigen und schon sollte es mit dem Schreiben klappen!

Aufwärmübungen

Zuerst einmal ist es wichtig, sich mit Feder und Tinte vertraut zu machen. Beginne mit den nachfolgenden Übungen und führe diese ganz langsam aus. Ziel ist es, konstante Linien zu erzeugen und die Feder nicht über das Papier kratzen zu lassen. Halte den Federhalter dafür bequem und locker in der Hand – nicht verkrampfen, sonst beginnen die Finger und Hände schnell zu schmerzen. Das Schreiben mit der Feder soll ja schließlich entspannen und Spaß machen.

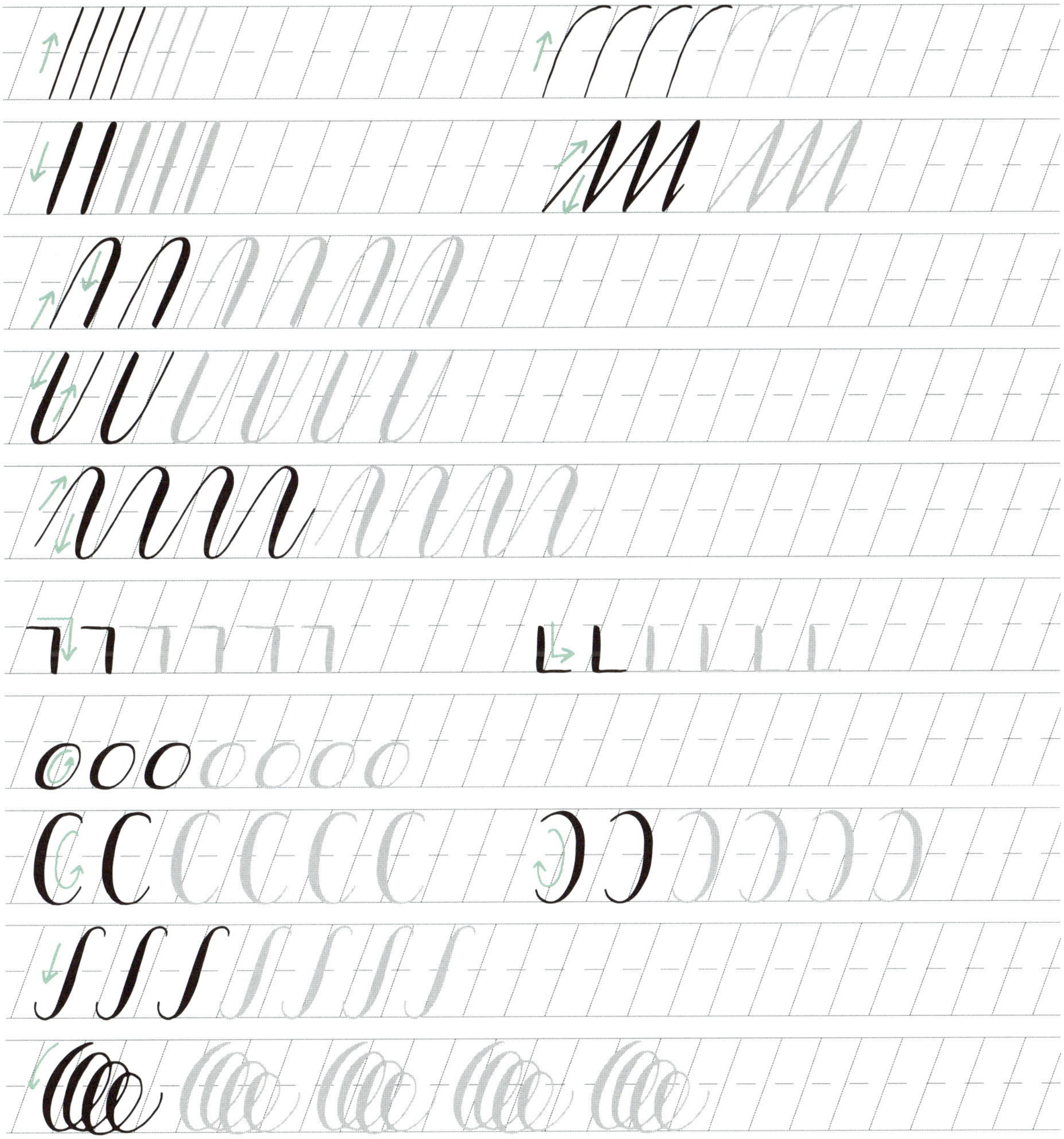

Aa Bb Cc Dd Ee

Ff Gg Hh Ii Jj Kk

Ll Mm Nn Oo Pp

Qq Rr Ss Tt Uu

Vv Ww Xx Yy Zz

Platz zum Üben

Jetzt bist du an der Reihe! Hier hast du Platz zum Üben der Buchstaben. Das Alphabet auf der linken Seite soll dir als Orientierung dienen. Übe jeden einzelnen Buchstaben immer und immer wieder – denke dabei an die Grundschule zurück, wie du damals jeden einzelnen Buchstaben von der Pike auf gelernt hast.
Je mehr du übst, desto leichter fällt es dir, die Buchstaben zu schreiben. Wenn du den Dreh einmal heraushast, hast du wahrscheinlich auch schon deinen eigenen Stil gefunden.

Aa Aa

SPITZFEDER

ALLES EINE FRAGE DES STILS

Es gibt viele unterschiedliche Kalligrafie-Stile – jeder für sich ist einzigartig. Schau dir die unterschiedlichen Beispiele an und lass dich inspirieren. Vielleicht ist dein persönlicher Stil eine Kombination aus verschiedenen Design-Varianten.

wegweiser

Liebe ist das
Einzige, was
wächst, indem wir
es verschwenden.
RICARDA HUCH

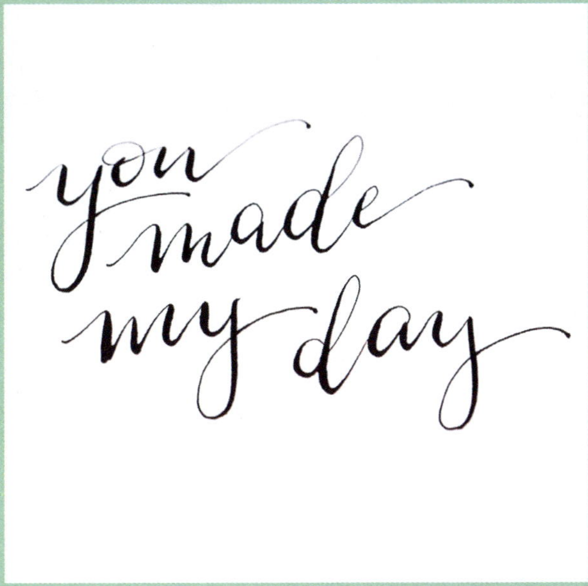
you made my day

es ist
was es ist,
sagt
die liebe

heute
schon
gelächelt?

Danke

Brushpen/Pinselstift

Brushpens sind Stifte mit einer pinselähnlichen Spitze. Man kann diese Stifte grob in zwei Gruppen unterteilen:

- **Pinselstifte mit Filzschwämmchen**[1)] (ähnlich einem Filzstift) – hier besteht die Spitze aus einem flexiblen homogenen Schwämmchen
- **Pinselstifte mit einzelnen Härchen**[2)] (ähnlich einem herkömmlichen Pinsel)

Mit Brushpens lässt es sich wesentlich einfacher schreiben als mit Echthaarpinseln, da man die Pinselspitze besser unter Kontrolle hat. Ein weiterer wesentlicher Vorteil sind die Tintentanks, die in diesen Stiften enthalten sind und teilweise auch gewechselt werden können. Es gibt viele unterschiedliche Versionen und Farben von Brushpens. Hier zeige ich dir eine kleine Auswahl.

Tombow Fudenosuke[1)]
WS-BH (hard)

Tombow Fudenosuke[1)]
WS-BS (soft)

Pentel Sign Pen[1)]

LYRA Aqua Brush Duo[1)]

Tombow Dual Brush Pen[1)]

Pentel Brush Pen[2)]

BRUSHPEN/PINSELSTIFT

Die Papier-Auswahl ist für synthetische Pinselspitzen besonders wichtig! Meine anfängliche Unwissenheit hat sehr viele Stifte bereits nach kurzer Zeit ruiniert. Ich empfehle dir Brushpens nur auf extrem glattem Papier zu verwenden. Mach den „Streicheltest" und fühle mit der Handfläche die Papier-Oberfläche. Wenn es sich glatt und eben anfühlt, kannst du davon ausgehen, dass das Papier auch für deine Stifte passt. Ich benutze für meine Brush-Lettering-Projekte vorwiegend die gleichen Papiersorten wie für die Spitzfeder (siehe Seite 22).

Die Rhodia Pads gibt es übrigens auch mit einem Punkte-Raster (= Rhodia Dot Pad). Das kann anfangs auch sehr hilfreich sein, denn die dezenten Punkte im Hintergrund geben eine leichte Orientierung, ohne sich zu sehr aufzudrängen.

Wenn du gerne mit Aquarellfarben oder Gouache arbeiten möchtest, kann ich dir die **Pentel Aquash-Brushpens**[2)] sehr empfehlen. Diese Pinsel haben einen integrierten Wassertank und es gibt sie in drei unterschiedlichen Größen.

Für Aquarellfarben mag ich **Bristol-Papier** sehr gerne. Das ist ein stabiles 250-Gramm-Papier mit homogener Oberfläche.

Ganz normale Spitz-Pinsel können natürlich für das Brush-Lettering ebenso verwendet werden.

AUFWÄRMÜBUNGEN

Gleich wie bei der Spitzfeder arbeiten wir auch beim Brush-Lettering mit dem Schwellstrich. Drücke die Pinselspitze beim Abwärts-Strich fest auf das Papier, um eine dicke Linie zu erhalten. Beim Aufwärts-Strich lass die Spitze sanft über das Papier gleiten, damit eine dünne Linie entsteht.

ABSTRICH

(Abwärts-Strich)

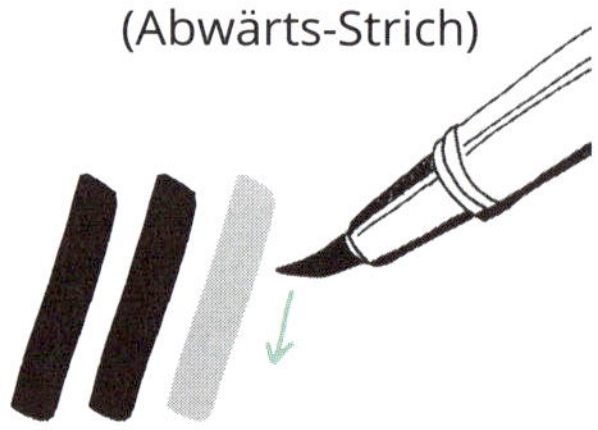

AUFSTRICH

(Aufwärts-Strich)

SCHWUNGÜBUNGEN

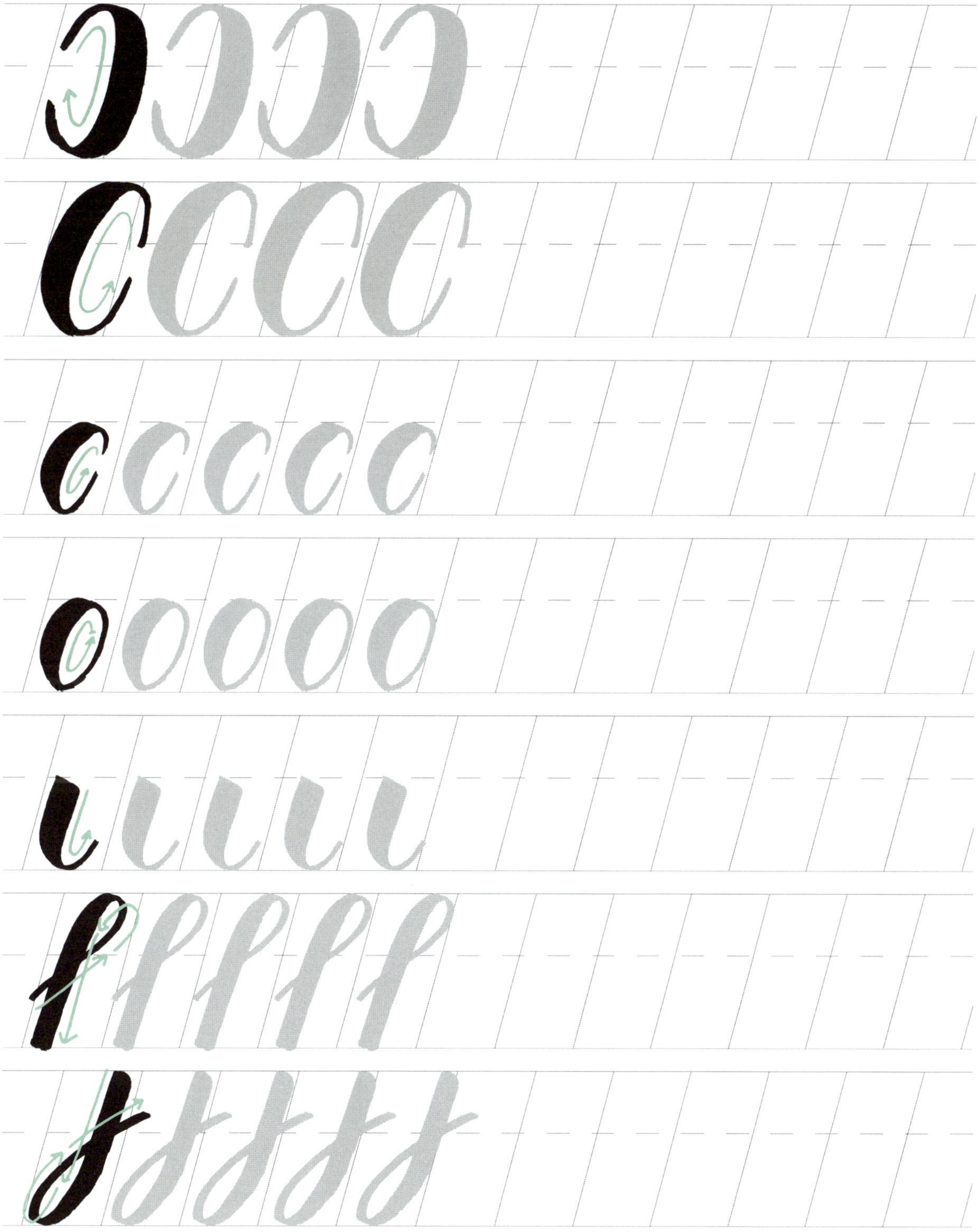

KLEINBUCHSTABEN/MINUSKELN

a b c d e f

g h i j k l

m n o p q

r s t u v

w x y z

Jetzt bist du wieder dran! Übe die Buchstaben, um ein Gefühl für die Bewegungsabläufe zu bekommen, und achte wie immer auf dünne Auf- und dicke Abstriche. Je öfter du die Buchstaben schreibst, desto geläufiger werden dir die Strichabfolgen und bald schon kannst du komplette Wörter und Sätze daraus bilden. Du findest dazu genügend Platz auf den nachfolgenden Seiten.

Grossbuchstaben/Majuskeln

Nach den Kleinbuchstaben kannst du hier auch die Großbuchstaben üben. Dieses Alphabet ist im Laufe meiner Lettering- & Kalligrafie-Karriere entstanden und soll als Basis dienen. Du wirst sehr bald bemerken, dass du nach einigen Übungen schnell eigene Kreationen entwerfen wirst und so dein eigenes Alphabet entwickelst.

It always seems impossible until it's done.
NELSON MANDELA

PLATZ ZUM ÜBEN

FLOURISHING

SCHWUNGVOLLE SCHNÖRKEL

Jetzt bringen wir noch ein bisschen mehr Bewegung und Spaß in unsere Letterings. Mit schwungvollen Elementen, die man individuell ergänzen kann – darunter, darüber, davor oder danach. Es gibt kein Richtig oder Falsch, alles, was gefällt, ist erlaubt! Flourishing ist sozusagen unser „Accessoire“ zu unserem Lettering. Mit Maß und Ziel eingesetzt kann es wunderschön wirken und einen Schriftzug richtig aufpeppen. Hier siehst du ein Beispiel und einige Basis-Schnörkel.

Tipp: Übe die Schnörkel zuerst einmal mit einem Bleistift oder Fineliner, das ist einfacher. Sobald dein Muskelgedächtnis die Schwünge gespeichert hat, kannst du sie je nach Belieben mit Brushpen oder Spitzfeder ausführen.

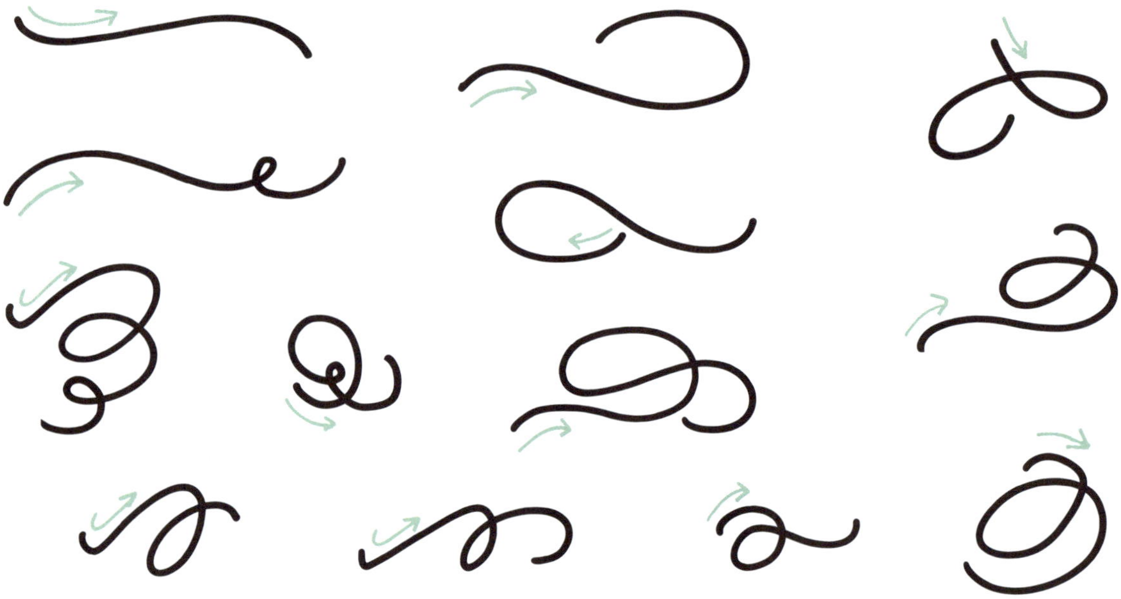

DEKORATIVE ELEMENTE

Über das Flourishing hinaus kannst du deine Letterings auch mit zusätzlichen Elementen verzieren: Schnörkel, Blumen, Blätter, Herzen, Pfeile und noch viel mehr. Auch wenn es nur eine minimale Auswahl ist, hier ein paar Anregungen für deine eigenen Kreationen.

DEKORATIVE ELEMENTE

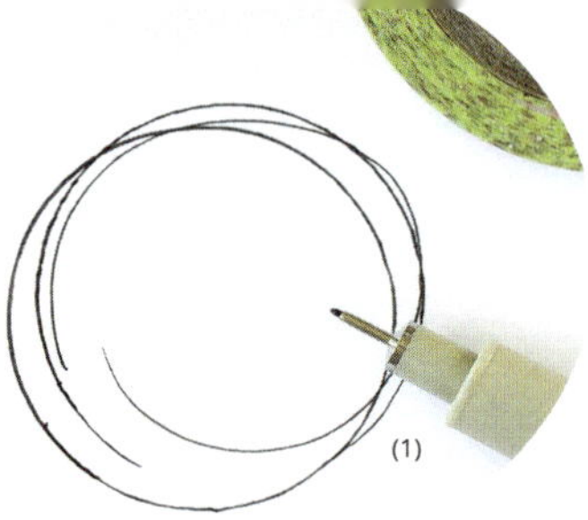

RANKEN & KRÄNZE

Tropfen-Technik: *Drücke mit der Pinselspitze einmal fest auf das Papier. Schon hast du dein erstes Blatt erstellt.*

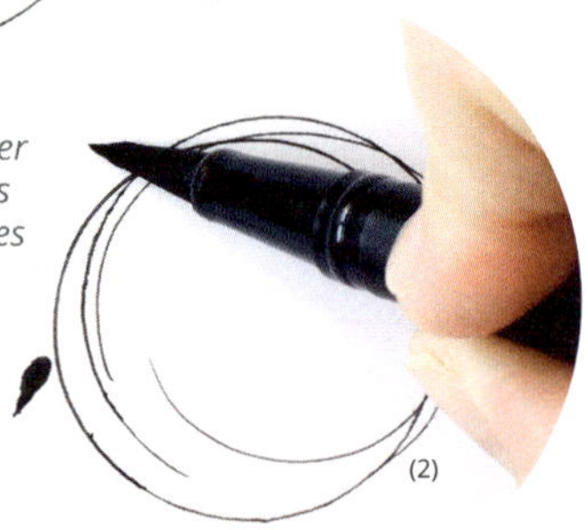

Du kannst deine Wörter, Sätze und Zitate auch sehr schön mit Ranken und Kränzen schmücken. Mit den synthetischen Pinselspitzen der Brushpens kann man zum Beispiel ganz einfache, aber effektvolle Kränze erstellen: Zeichne einen Kreis[1] (ich verwende dazu einfach eine Washi-Tape-Rolle) mit einer oder mehreren Linien und setze in unregelmäßigen Abständen ein paar „Tropfen" entlang der Linie(n)[2]. Noch schöner wirkt das Ganze, wenn es mit ein paar Punkten ergänzt wird.[3] Es muss nicht perfekt sein!

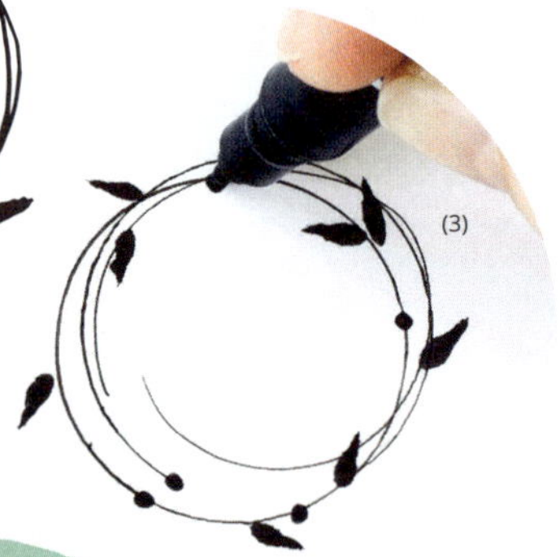

Du kannst diese dekorativen Elemente auch mit einem Fineliner oder einem anderen Zeichenstift erstellen und je nach Größe oder Länge an dein Lettering-Projekt anpassen.

Tipp:
Mit dieser „Tropfen-Technik" kannst du auch ganz einfach ein Herz erstellen:

DEKORATIVE ELEMENTE

BANNER

Du hast dich sicher schon einmal gefragt, wie man am besten Banner konstruiert. Um ehrlich zu sein, war das für mich auch immer ein großes Fragezeichen. Mit dieser Schritt-für-Schritt-Anleitung zeige ich dir, wie man Banner-Elemente ganz einfach erstellen kann. So habe ich es mir mittlerweile auch gemerkt. ;)

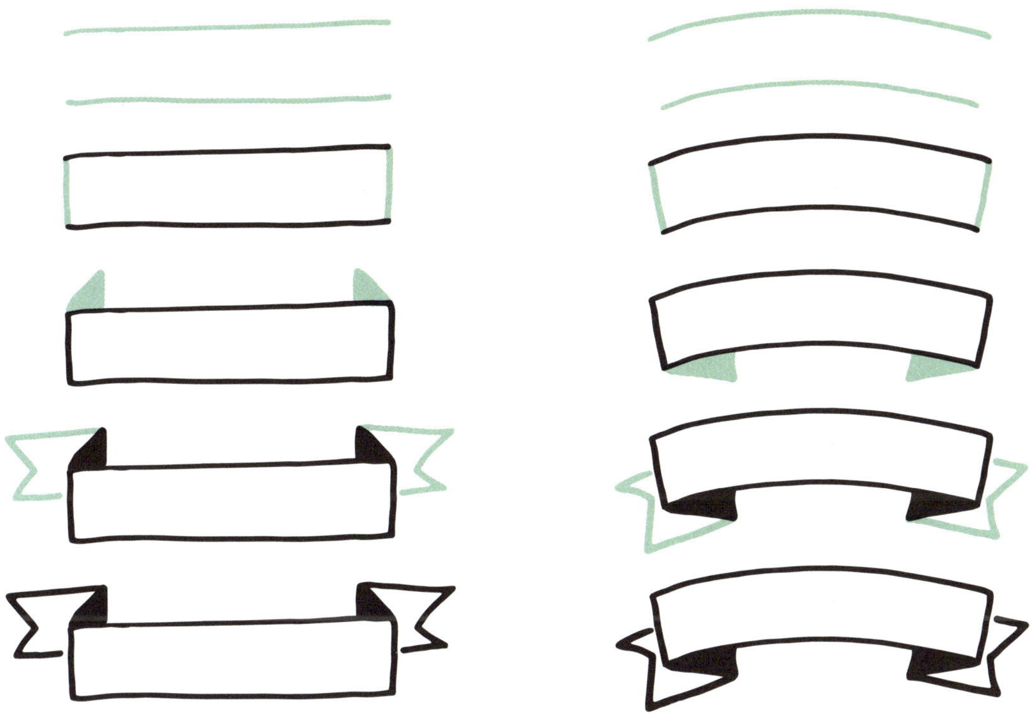

SERIFENLOSE SCHRIFTEN

Beim Hand-Lettering kann man wunderbar mit Schrift-Kontrasten spielen und zum Beispiel eine serifenlose Schrift in Kombination mit Brush-Lettering verwenden. Serifenlose Schriften wirken trendig und modern und können sehr gut mit verspielten oder verschnörkelten Letterings kombiniert werden. Du kannst die Schriften schmal oder breit schreiben und auch die x-Höhe/Mittellänge variieren, so ergibt sich immer wieder ein neuer Look.

SCHMAL & X-HÖHE MITTIG

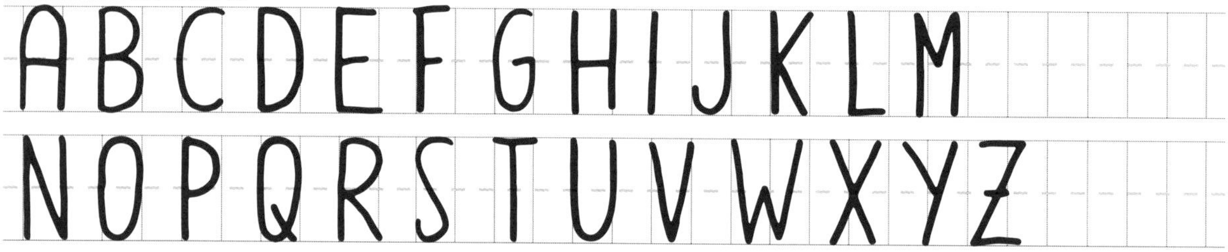

SCHMAL & X-HÖHE ERHÖHT

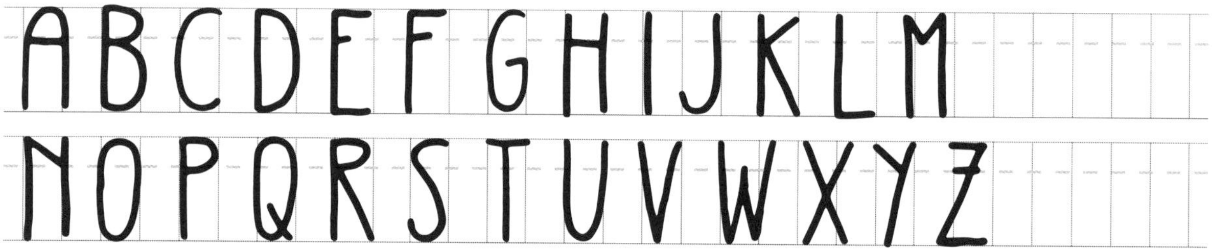

SCHMAL & X-HÖHE VERTIEFT

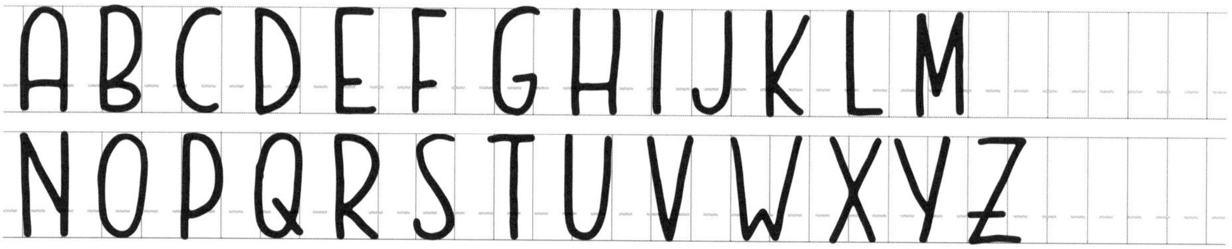

BREIT, VARIABLE X-HÖHE & VARIANTEN

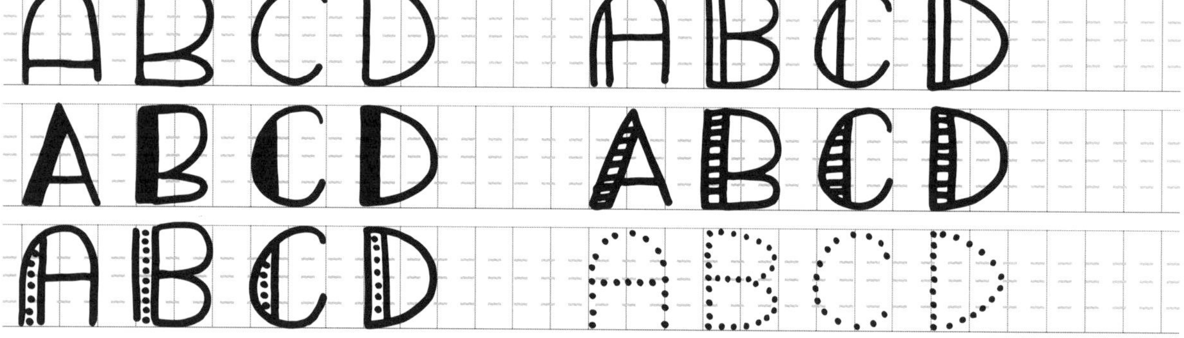

SERIFENLOSE Schrift

Hier kannst du üben!

SERIFEN-SCHRIFTEN

Als Serifen bezeichnet man die kleinen Querbalken („Füßchen") an den Enden der Buchstaben. Diese Schriftart eignet sich ebenfalls gut als Kontrast beim Hand-Lettering. Ich persönlich verwende meistens eine sehr schmale modernere Schrift mit Serifen.

SCHMAL & VARIABLE X-HÖHE

A B C D E F G H I J K L M

N O P Q R S T U V W X Y Z

Die x-Höhe/Mittellänge kann hier auch variabel gestaltet werden. Wie das funktioniert, habe ich dir ja schon auf der vorigen Seite gezeigt. **Probier einfach ein paar Varianten davon selber aus.**

PERFECTLY – IMPERFECT

Weitere Schriftbeispiele

A B C D E F
G H I J K L M
N O P Q R S T
U V W X Y Z

a b c d e f g h i j k l m
n o p q r s t u v w x y z

A B C D E F G H I J K L M
N O P Q R S T U V W X Y Z

Ziffern

Beim Lettering werden natürlich nicht zur Buchstaben, sondern auch Ziffern verwendet. Beim Adressieren eines Kuverts zum Beispiel oder bei einer Geburtstags- oder Save-the-Date-Karte. Hier können die Ziffern sogar ganz groß im Vordergrund stehen. Dabei kann es sich um ganz einfache, aber auch bis ins Detail verzierte Ziffern handeln.

SCHMAL & MIT SERIFEN

1 2 3 4 5 6 7 8 9 0

SCHMAL & OHNE SERIFEN

1 2 3 4 5 6 7 8 9 0

BREIT & OHNE SERIFEN

1 2 3 4 5 6 7 8 9 0

KALLIGRAFISCH

1 2 3 4 5 6 7 8 9 0

SCHREIBSCHRIFT

1 2 3 4 5 6 7 8 9 0

Tipp: Ziffern kannst du auch als Gestaltungselement in ausgeschriebener Form verwenden.

DAS „ET-ZEICHEN"

Beim Hand-Lettering kannst du das „ET-Zeichen" auch sehr gut als Eyecatcher integrieren. Wenn du zum Beispiel ein „und" in deinem Zitat oder Satz hast, ersetze es durch ein „&", so kannst du dein Lettering zusätzlich aufpeppen. Dieses Zeichen bietet sich natürlich auch für Monogramme, Hochzeitseinladungen oder Save-the-Date-Karten als Gestaltungselement hervorragend an. Du kannst das ausgeschriebene „und" aber genauso gut verwenden und mit kleinen Highlights optisch hervorheben.

KUNTERBUNTER BUCHSTABENSALAT

KUNTERBUNTER BUCHSTABENSALAT

Es gibt unendlich viele Gestaltungsmöglichkeiten für Buchstaben. Diese Seite ist ganz deiner freien Fantasie überlassen.

Tipp: Buchstaben-Kärtchen

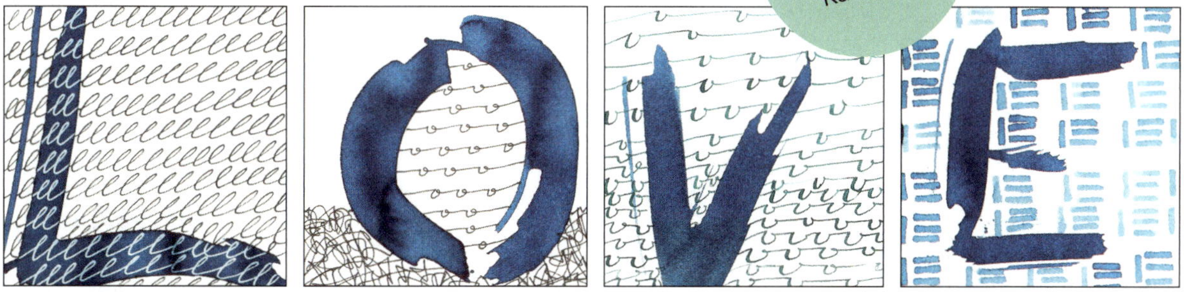

Das brauchst du dazu: quadratische Kärtchen und diverses Schreibmaterial

Und so einfach geht's: Zeichne auf jedes Kärtchen einen Buchstaben (wie oben z. B. „LOVE") und gestalte den umliegenden Bereich des Buchstabens individuell mit unterschiedlichen Mustern. Wenn du damit fertig bist, kannst du die Kärtchen zum Beispiel auf einen farbigen Karton kleben.

Alternative Linienraster

Auf unserer Gestaltungs-Spielwiese gibt es noch mehr Möglichkeiten, Buchstaben und Wörter zu Papier zu bringen. Bis jetzt haben wir ausschließlich mit einem geraden Linienraster gearbeitet. Das muss aber nicht immer so sein. Hier ein paar Beispiele, wie man geschwungene, runde oder auch herzförmige Pfade spielerisch verwenden kann. Das sieht vielleicht kompliziert aus, aber das Prinzip bleibt immer gleich, wie bei einem geraden Linienraster.

WELLENFÖRMIG

TRICHTERFÖRMIG

ELLIPSENFÖRMIG

KREISFÖRMIG

HERZFÖRMIG

BOUNCE-LETTERING

Bounce-Lettering könnte man auch als „hüpfende“ oder „tanzende“ Buchstaben bezeichnen. Jetzt brechen wir zusätzlich zum alternativen Linienraster auch noch die Regel, alle Buchstaben an der Grundlinie auszurichten, und ordnen diese einfach dynamischer an. Mal weiter oben, mal weiter unten. Vielleicht befinden sich die einzelnen Buchstaben auch nicht alle in gleicher Schräglage. Das macht das optische Erscheinungsbild noch spannender und individueller. Wer mich und meine Arbeiten kennt, der weiß, dass ich Bounce-Lettering liebe. :)

NORMALE AUSRICHTUNG

HÜPFENDE BUCHSTABEN

Hier kannst du es gleich mal selber ausprobieren:

ZUSÄTZLICHE EFFEKTE

Was ich beim Hand-Lettering besonders liebe, sind die unendlich vielen Möglichkeiten, Buchstaben in Form und Farbe zu bringen. Deshalb möchte ich dir noch ein paar Tricks zeigen, wie du deine Lettering-Projekte einfach und effektvoll pimpen kannst.

Unter **BLENDING** versteht man eine Technik, bei der während des Schreibvorgangs zwei Farben miteinander vermischt/überblendet werden. Dazu kannst du jegliche Pinselstifte auf Wasserbasis verwenden. Ich benutze dafür zum Beispiel meine Tombow Dual oder Lyra Aqua Brush Pens.

Das brauchst du dazu:
zwei Farbstifte deiner Wahl, eine Klarsichtfolie oder einen Gefrierbeutel und Papier

So einfach geht's:

- Gib etwas Farbe vom ersten Stift auf die Klarsichtfolie.(1)
- Nimm die Farbe mit dem zweiten Farbstift auf.(2) Wenn sich die Pinselspitze scheinbar „verfärbt“, ist es genau richtig – keine Angst, das schadet deinem Farbstift nicht und lässt sich auch vollständig wieder entfernen!
- Jetzt kannst du dein Wort schreiben(3) und du wirst sehen, dass sich die Farbe deines Stiftes während des Schreibens verändert und wieder zur Ausgangsfarbe zurückkehrt. Bei Bedarf kannst du den Vorgang öfter wiederholen. Sollte am Ende noch etwas „fremde“ Farbe auf der Pinselspitze sein, schreib auf einem zweiten Blatt so lange, bis die Farbspitze wieder ihren eigentlichen Farbton erreicht hat.

Sehr gut funktioniert „Blending“ im Übrigen auch mit den flüssigen Wasserfarben von ECOLINE(4). Einfach die Pinselspitze in den Farbtopf tauchen und schon kannst du damit schreiben.

ZUSÄTZLICHE EFFEKTE

Den Wasserfarben-Hintergrund mit **FARBKLECKSEN** hast du bestimmt schon öfter gesehen. Er sieht sehr künstlerisch und effektvoll aus und ist eigentlich auch ganz einfach herzustellen.

Das brauchst du dazu:
einen oder mehrere Farbstifte deiner Wahl, eine Klarsichtfolie, einen Gefrierbeutel oder einen glatten Marmeladenglas-Deckel, einen Zerstäuber und Papier

So einfach geht's:

- Gib dazu eine oder mehrere Farbe(n) je nach Belieben auf den Deckel/die Klarsichtfolie(1)
- Verflüssige die Farbe mit dem Zerstäuber(2)
- Drück das Blatt Papier nun auf die Klarsichtfolie(3) und wiederhole bei Bedarf den Vorgang – schon ist dein Farbklecks fertig.

Mit einer **MASKIER-FLÜSSIGKEIT** kannst du ebenfalls tolle Effekte erzielen:

- Schreibe zuerst das gewünschte Wort mit der Maskier-Flüssigkeit – gibt es schreibfertig als Stift (z. B. von MOLOTOW™) oder in flüssiger Form für Pinsel (z. B. von Winsor & Newton).
- Danach gut trocknen lassen.
- Als Nächstes kannst du dann deinen Farbhintergrund (z. B. mit Wasserfarben) auf das Papier bringen – du brauchst den Schriftzug nicht weiter zu beachten, die Maskier-Flüssigkeit dient quasi als Schutzschild.
- Jetzt noch einmal gut trocknen lassen. Lieber etwas länger warten, bevor du das Kunstwerk zerstörst – ich spreche da aus Erfahrung ...
- ... und dann kann der Rubbel-Spaß beginnen. Die Maskier-Flüssigkeit kann ganz einfach mit dem Finger oder auch mit Radiergummi weggerubbelt werden.
- Et voilà – fertig ist das Kunstwerk!

Blocking

Nachdem ich dir nun ein paar Gestaltungsmöglichkeiten gezeigt habe, können wir uns endlich an unser erstes gemeinsames Lettering wagen. Dafür habe ich mir den Spruch „Ready to start your very own Lettering – or coffee first?" ausgesucht. In jedem Satz gibt es Schlüsselwörter, die man mehr betonen möchte, und Füllwörter, die weniger Aussagekraft haben. Um den Spruch also bestmöglich gestalten zu können, teilt man die einzelnen Wörter in Bereiche/Blocks ein, woher sich auch die Bezeichnung „Blocking" ableiten lässt. Damit kannst du jedes Lettering-Projekt sehr gut planen.

Die Kernaussage[1]

Bevor ich mit dem eigentlichen Blocking und der ersten Skizze beginne, schreibe ich den Spruch auf und überlege, welche Gewichtung die einzelnen Wörter sinngemäß für mich haben. Wichtige Wörter hebe ich durch Unterstreichen oder Einrahmen hervor. Das ist dann die Basis für das Blocking.

(1)

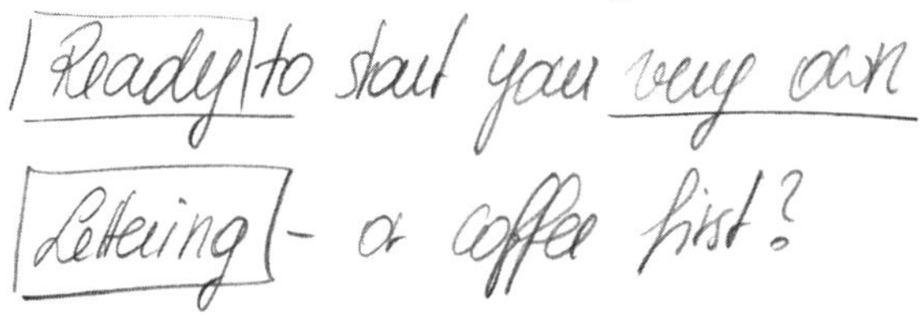

Die Grundeinteilung[2]

Zuerst zeichne ich das gewünschte Endformat unseres Letterings inkl. Mittelachse auf, da ich den Spruch gerne mittig ausrichten möchte. Ich mache das immer mit einem Lineal. Du kannst den Spruch aber auch links- oder rechtsbündig ausrichten – Blocksatz ist natürlich auch möglich.

Dann überlege ich mir, wie ich die Wörter meines Spruchs anordnen möchte, und teile diese grob in sogenannte Blocks ein. Ich zeichne die Linien, Proportionen und Kurven so lange mit dem Bleistift nach, bis ich sie in der gewünschten Form habe. Radieren ist natürlich erlaubt. ;) Und wenn die Linien auch noch nicht exakt ausgerichtet sind, macht das nichts – es handelt sich nur um eine grobe Skizze.

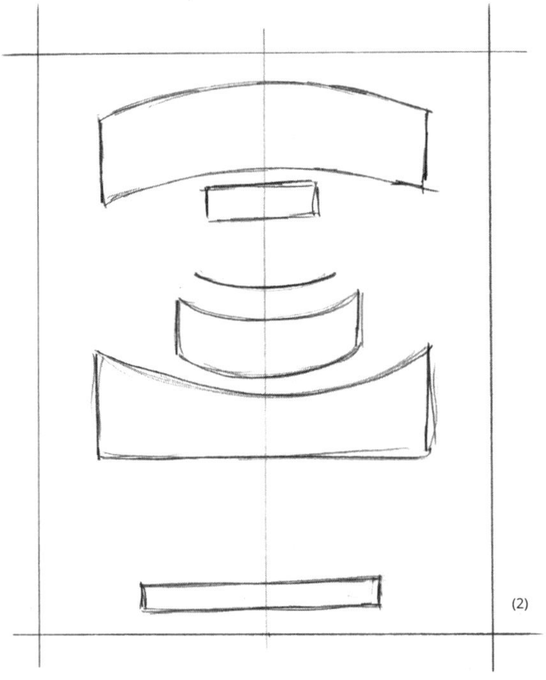

(2)

BLOCKING

(3)

Text-Arrangement(3)
Wenn ich mit der Block-Einteilung zufrieden bin, setze ich den gewünschten Text in die entsprechenden Felder ein. Auch hier ist es vorerst nur ein ungefähres Arrangement an Wörtern. Die detaillierte Ausarbeitung der Schriftarten und einzelnen Buchstaben erfolgt dann im nächsten Schritt.

Tipp: Verwende beim Blocking Marker- oder Transparent-Papier. So kannst du jeden Schritt mehrmals nachzeichnen und überarbeiten, ohne allzu viel radieren zu müssen. Vielleicht möchtest du dir ja auch mehrere Buchstaben-Varianten ansehen, um besser vergleichen zu können.

Feinschliff und zusätzliche Gestaltungselemente(4)
Jetzt ist es Zeit, sich über die einzelnen Buchstaben und Ausführungen Gedanken zu machen. Unterschiedliche Schriften bringen Spannung in das Lettering-Projekt und zusätzliche Gestaltungselemente vervollständigen das Layout. Hier kannst du mit Bannern, Flourishes und allen Tipps und Tricks aus dem Buch arbeiten. Der Fantasie sind keine Grenzen gesetzt.

Wenn die Bleistiftskizze dann so weit fertig ist, bleibt mir nur noch die Reinzeichnung. Dazu verwende ich einen dünnen schwarzen Fineliner. Um mir lästiges Radieren im Anschluss zu ersparen, arbeite ich immer mit Marker-Papier, mit dem ich meine Skizze wunderbar abpausen und bei Bedarf auch noch einmal machen kann.

(4)

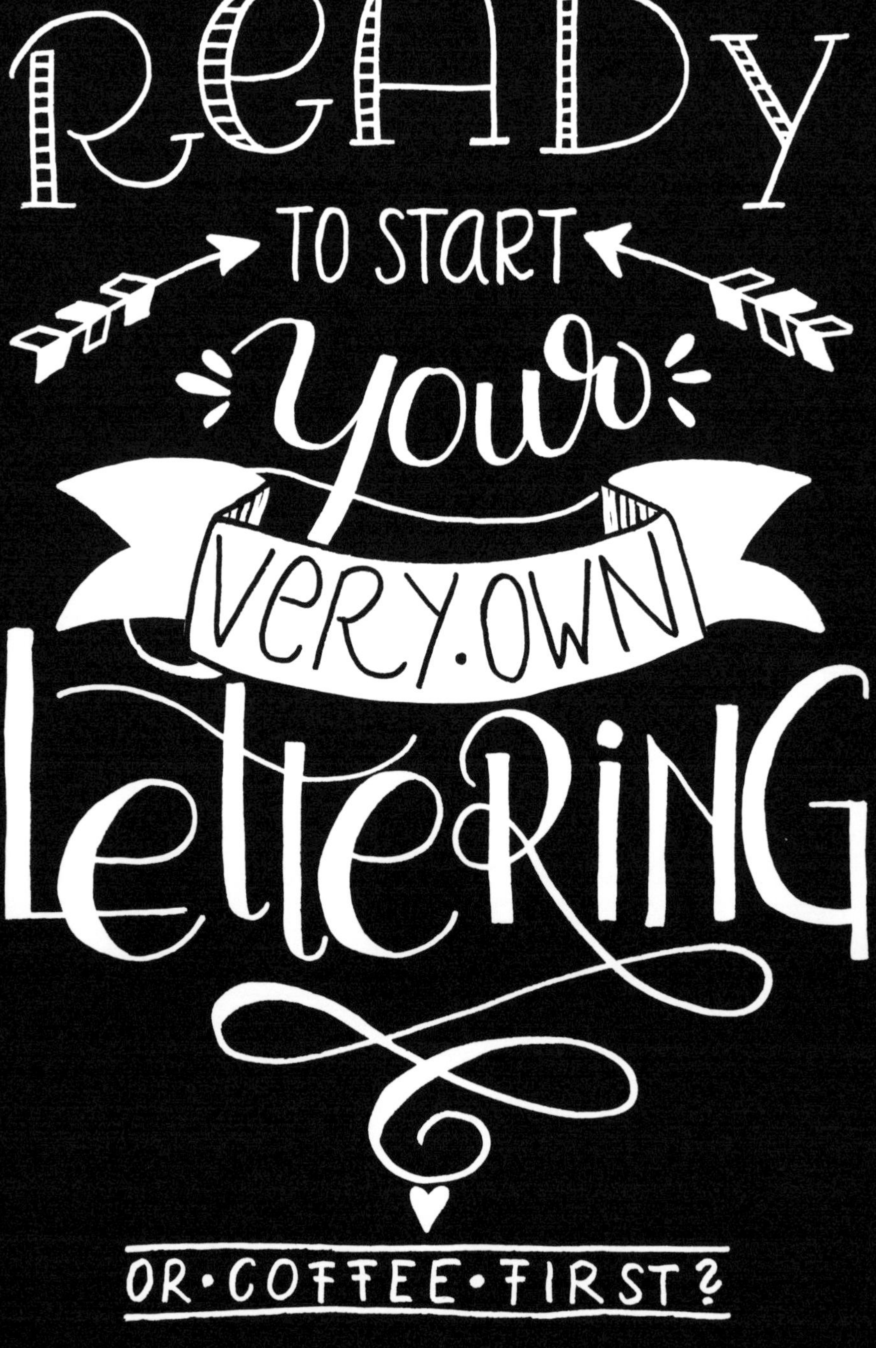
READY
TO START
YOUR
VERY·OWN
LETTERING
OR·COFFEE·FIRST?

PLATZ FÜR DEIN ERSTES EIGENES HAND-LETTERING

PRAXISBEISPIEL

MONOGRAMM

Ein Monogramm im herkömmlichen Sinn ist eine kunstvolle Anordnung der beiden Anfangsbuchstaben von Vor- und Nachnamen. Für die Hochzeits-Papeterie bietet sich ein Paar-Monogramm an: Dafür verwendet man ganz einfach die Anfangsbuchstaben der Vornamen des Brautpaares. Für die gestalterische Umsetzung ist Hand-Lettering ideal geeignet – von klassisch über modern bis verspielt sind der Fantasie dabei keine Grenzen gesetzt.

MEIN ARBEITSABLAUF

Zuerst skizziere ich mit einem Bleistift meine Ideen auf ein Blatt Papier.(1) Wenn mir dann eine Variante gefällt, überlege ich mir, welches Schreibwerkzeug für die Umsetzung am besten geeignet wäre – vielleicht sind es auch mehrere. Für mein Beispiel (siehe rechte Seite) habe ich mich für Spitzfeder & Tinte entschieden. Dann geht es an die Umsetzung der ausgewählten Idee. Auch hier braucht es in der Regel mehrere Anläufe und Durchgänge, bis ich das gewünschte Ergebnis vorliegen habe. Dazu schreibe oder zeichne ich die Buchstaben so oft, bis sie mir letztendlich gefallen.(2) Es kann natürlich auch sein, dass ich den ultimativen Feinschliff dann am Computer mache, da ich das Monogramm zwecks Weiterverarbeitung und Vervielfältigung meist sowieso digitalisieren muss.

(1)

(2)

TIPP: Versuche unterschiedliche Versionen der ausgewählten Buchstaben zu schreiben und/oder zeichnen und überlege, wie diese Buchstaben hübsch miteinander verbunden werden können. Die Lesbarkeit steht hier nicht zwingend im Vordergrund.

Ich bevorzuge moderne Monogramme, die eher einfach gehalten sind und nicht allzu viele Schnörkel aufweisen. So kann ich nämlich die Initialen sehr gut als Gestaltungselement in ein bestehendes Design integrieren bzw. zusätzlich noch mit grafischen Elementen aufhübschen.

So könnten weitere Beispiele meines Monogramms aussehen:

TIPP: Monogramme eignen sich auch hervorragend als Stempel oder Siegel mit Wachs oder Lack als Kuvertverschluss.

PRAXISBEISPIEL

TIPP: Mit Aquarell- oder Wasserfarben kann man ganz einfach schöne Hintergründe für Karten erstellen. Trage die Farbe(n) einfach mit einem großen Pinsel und viel Wasser schichtweise auf.

Dieser Hintergrund wurde für die weitere Verwendung digitalisiert.

SAVE THE DATE

Da zu Beginn der Hochzeitsplanung meist noch nicht alle Informationen für die Einladung zur Verfügung stehen, bietet es sich an, Save-the-Date-Karten zu verschicken. Damit wird der Hochzeitsgesellschaft das Hochzeitsdatum schon einmal vorab bekannt gegeben. Wie so ein Hand-Lettering-Schriftzug für deine Karte aussehen könnte, zeige ich dir hier anhand einiger Beispiele.

EINLADUNG

Auch Einladungen können wunderbar mittels Hand-Lettering gestaltet werden. Egal ob Hochzeit, Taufe oder Geburtstag – jeder Anlass hat eine schöne Einladung verdient. Wenn du möchtest, kannst du sogar die gesamte Einladung händisch schreiben – im „Mix & Match“-Stil(1) mit unterschiedlichen Schriften sieht es zum Beispiel besonders spannend aus. Probiere dazu einfach unterschiedliche Stile mit verschiedenen Schreibwerkzeugen aus.

(1)

Beginne auch hier mit einer Skizze, um deine Einladung zu planen.

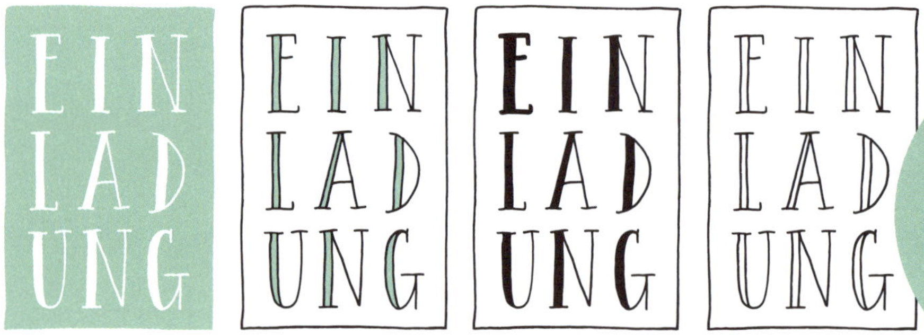

Wenn du deinen Lettering-Schriftzug digitalisierst, kannst du im Nachhinein beliebig viele Varianten daraus kreieren.

PRAXISBEISPIEL

Denk dran:
Oft ist weniger sogar mehr!

PRAXISBEISPIEL

TIPP:
Dein eigenes Geschenkpapier kannst du übrigens auch ganz einfach selber gestalten. Schreibe dazu einfach den gewünschten Text in beliebiger Anordnung auf ein Blatt Papier und schmücke je nach Wunsch die Zwischenräume mit diversen Elementen – wie hier zum Beispiel mit dem Brushpen-Herz.

GESCHENKANHÄNGER

Schenken macht Freude – erst recht, wenn ein Geschenk richtig hübsch verpackt und noch dazu mit einem handgemachten Geschenkanhänger versehen ist. Du kannst dafür deine eigenen Formen entwerfen oder auf fertige Kärtchen oder Stanzformen(1) zurückgreifen. Es gibt unzählige Anhänger-Formen, die mit hübschen Letterings gestaltet werden können – es muss nicht immer rund oder eckig sein!

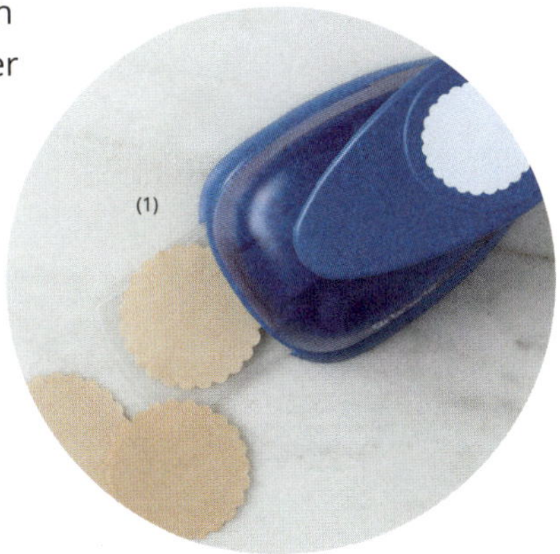

Wie wäre es zum Beispiel einmal mit einem Anhänger in Form einer Feder? Tolle Vorlagen und Motivpapier findest du unter **www.monbijou-geschenke.de!**

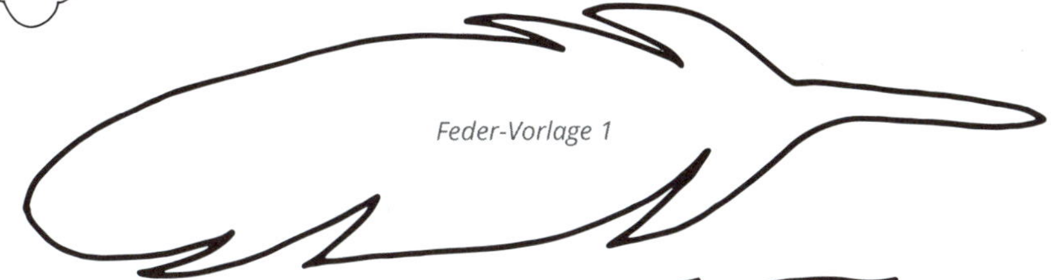

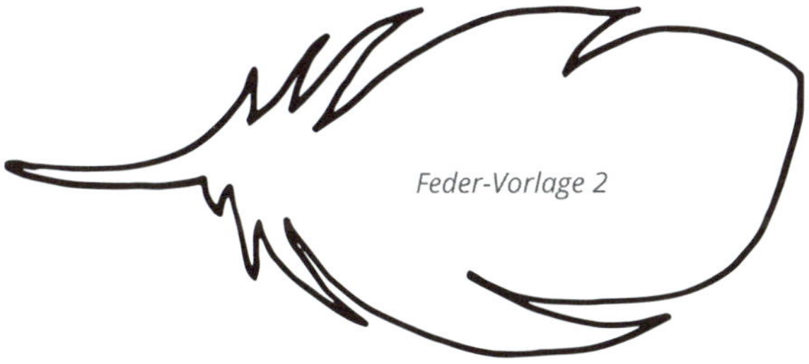

Das brauchst du dazu:
Tonpapier, Bleistift, Pauspapier (weiß für dunkles & schwarz für helles Tonpapier), Schere oder Cutter, Fineliner, Feder-Vorlage (1 und/oder 2), Lochzange

So einfach geht's:

- Übertrage die gewünschte Feder-Vorlage mittels Pauspapier auf dein Tonpapier
- Schneide die Vorlage aus
- Beschrifte deine Papier-Feder nun individuell mit Namen oder Sprüchen und verziere die Feder noch zusätzlich nach Belieben
- Das Loch für die Kordel machst du am besten mit einer Lochzange

Habe ich schon einmal erwähnt, dass ich Washi-Tapes liebe? Diese Tapes sind einfach so multifunktional einsetzbar und man kann sie sehr gut zum Gestalten verwenden – wie zum Beispiel als Dekostreifen für Anhängerkärtchen.

PRAXISBEISPIEL NAMENSKÄRTCHEN

Ein schön gedeckter Tisch mit handgeschriebenen Namenskärtchen ist ein Hingucker für jedes Fest. Hand-Lettering muss dabei nicht zwingend auf Papier ausgeübt werden – es gibt viele andere Möglichkeiten: Auch Steine, Muscheln, Schiefer-Tafeln, Glas oder zum Beispiel Blätter eignen sich dafür – je nachdem, was gut zum Thema passt. Du kannst dich hier also prima austoben. Da man für viele der genannten Oberflächen einen Permanent-Marker verwenden muss, damit das Lettering haltbar wird, bietet sich dafür die Faux Calligraphy (siehe Seite 18) sehr gut an.

TIPP: *Achatscheiben sind sehr edel und einfach zu beschriften. Man kann den Schriftzug auch ohne Probleme wieder vom Stein (z. B. mit Nagellackentferner) entfernen und ihn dann neu beschreiben.*

TISCHNUMMERN

Nicht nur Namenskärtchen, auch Tischnummern sind bei großen Feierlichkeiten sehr gefragt. Falls es an den Tischen freie Platzwahl gibt, kannst du die Tischnummern gleich mit den Namen kombinieren. Ansonsten kannst du die Nummern auch als Stand-alone konzipieren. Und genau so ein Beispiel zeige ich dir hier in einer Schritt-für-Schritt-Anleitung – diesmal mit einem „Dip-Dying-Hintergrund".

Das brauchst du dazu:

A6-Karten (z. B. aus Büttenpapier), einen leeren Behälter, Wasserfarben oder Gouache aus der Tube, Wasser, Tücher (Küchenrolle/Küchenkrepp) und 1 oder 2 schwere Bücher zum Trocknen, wasserfester Stift (z. B. Sharpie)

So einfach geht's:

- Mische die gewünschte Farbe mit Wasser an(1) – du kannst auch eine beliebige Farbe aus mehreren Farbkomponenten zusammenmischen. Je mehr Flüssigkeit du hast, desto höher kannst du deine Karte mit dem Hintergrund versehen.
- Tauche nun die Karte bis zur gewünschten Höhe in den Behälter ein.(2)
- Warte ca. 20 Sekunden, um anschließend einen zweiten Durchgang in etwas geringerer Höhe zu machen(3) (so entsteht der abgestufte Hintergrund), und wiederhole diesen Schritt ggfs. noch ein bis zwei Mal.
- Lege das Papier danach zum Trocknen auf ein Tuch (z. B. Küchenrolle).
- Wenn die Karte gut angetrocknet, aber noch nicht ganz trocken ist, kannst du das Papier mit einem Buch beschweren. Damit verhinderst du, dass es sich zu wölben beginnt.
- Schreibe zum Schluss die gewünschte Zahl mit dem Stift auf die Karte.

PRAXISBEISPIEL

Die Buchstaben habe ich mit Fineliner auf Büttenpapier gezeichnet und dann auf das Glitzerpapier aufgeklebt. So entsteht ein wunderschöner Kontrast.

WIMPELKETTEN

Wimpelketten sind sehr universell einsetzbar – vom Torten-Topper bis hin zur Wand-Dekoration ist alles möglich. Du kannst dich nicht nur mit unterschiedlichen Hand-Lettering-Buchstaben, sondern auch mit verschiedenen Wimpel-Formen austoben. Hier einige Beispiele:

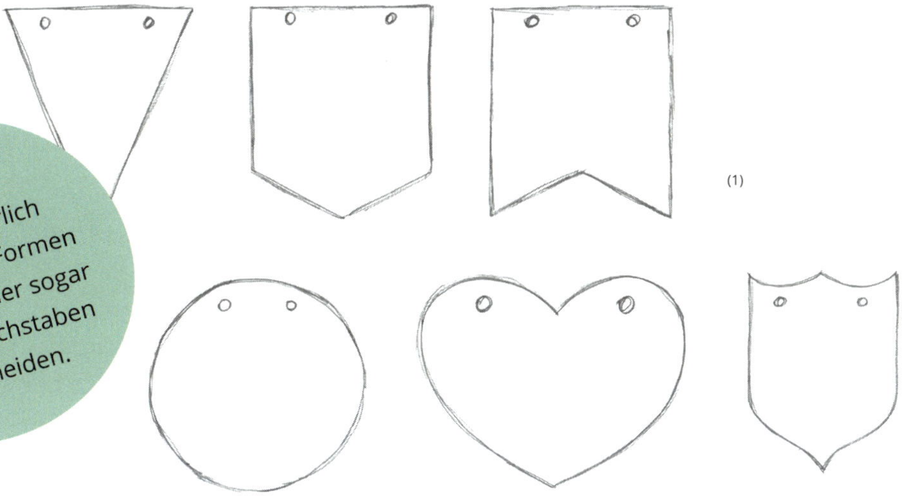

(1)

Tipp: Du kannst natürlich auch andere Formen entwerfen oder sogar einzelne Buchstaben ausschneiden.

Wähle eine Form aus[(1)] und überlege dir, wie groß die einzelnen Wimpel in etwa sein sollen. Die Länge des Wortes und die Größe der Wimpel ergeben letztendlich die Gesamtlänge der Kette. Wenn du nur begrenzt Platz zur Verfügung hast (z. B. auf einer Torte), musst du darauf achten, dass die einzelnen Felder nicht zu groß sind. Am besten machst du vorab eine Skizze.[(2)] Als Nächstes kannst du dir dann über die Gestaltung der Buchstaben bzw. der Wimpel Gedanken machen.[(3)] Entweder arbeitest du mit farbigem Ton- oder auch Glitzerpapier als Hintergrund oder du bedienst dich einer Dip-Dying- oder Wasserfarben-Variante. Alle Tipps und Tricks aus dem Buch kannst du natürlich auch hier wunderbar anwenden. Ich habe mich bei meinem Beispiel für eine Glitzer-Variante entschieden. ;)

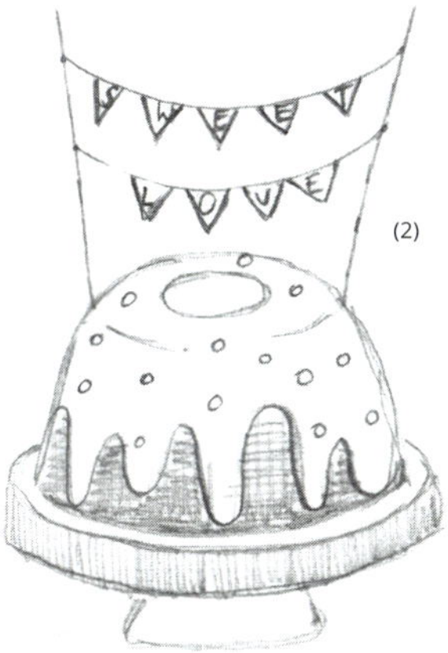

(2)

(3)

PRAXISBEISPIEL

CAKE-TOPPER

Wer liebt sie nicht, die hübschen Cake-Topper, die oft auf Torten und Kuchen zu sehen sind. Für Cup-Cakes kann man sie sogar auch in Mini-Versionen verwenden. Was auf den ersten Blick einfach aussieht, ist in Wirklichkeit doch etwas knifflig, da bei der Umsetzung eines Hand-Lettering-Cake-Toppers einige Dinge beachtet werden müssen. Zudem erfordert es auch etwas Geduld. Zwecks Stabilität muss der Schriftzug so konzipiert werden, dass einzelne Teile beim Schneiden nicht wegfallen – das heißt also, dass alle Teile des Schriftzugs mehr oder weniger miteinander verbunden sein müssen, auch der „i"-Punkt zum Beispiel. Versuche hier möglichst viele Ligaturen zu bilden – je mehr Verbindungen man schafft, desto stabiler wird der Cake-Topper. Die Buchstaben dürfen zudem auch nicht zu dünn sein.

Das brauchst du dazu:
farbiges Ton- oder Glitzerpapier, Tonkarton, Pauspapier (weiß für dunkles & schwarz für helles Tonpapier), Cutter und Schneidematte, Kleber oder Bastelleim, Holzstäbe, Bleistift und Papier

So geht's:

- Schreibe deinen gewünschten Schriftzug auf ein Blatt Papier(1) und überlege, wie du die Buchstaben miteinander verbinden kannst.
- Im nächsten Schritt musst du deinen Buchstaben mehr „Fleisch" geben, sie also verstärken.(2)
- Wenn du mit dem Schriftzug zufrieden bist, pause den gesamten Schriftzug noch einmal ab,(3) um deine finale Schneidevorlage zu erhalten.
- Klebe das Ton- oder Glitzerpapier auf den Tonkarton (zwecks Stabilität).
- Übertrage nun die Vorlage auf den Tonkarton (am besten seitenverkehrt auf der Rückseite, damit man die Schneidelinien auf der Vorderseite nach dem Schneiden nicht sieht) und schneide diese dann sorgfältig aus.(4)
- Zum Schluss klebst du noch die Holzstäbe mit dem Bastelleim auf die Rückseite des fertigen Schriftzugs.

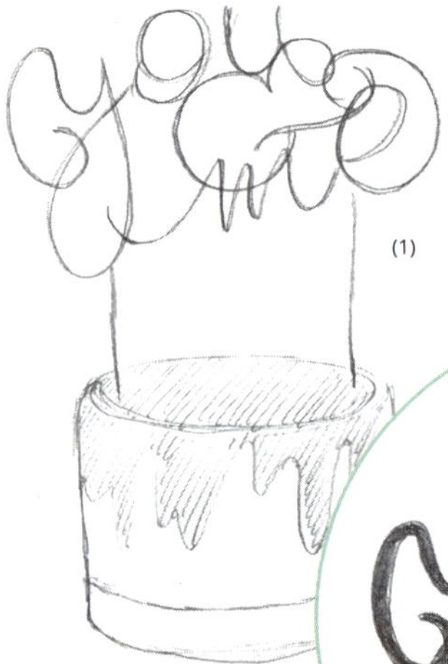

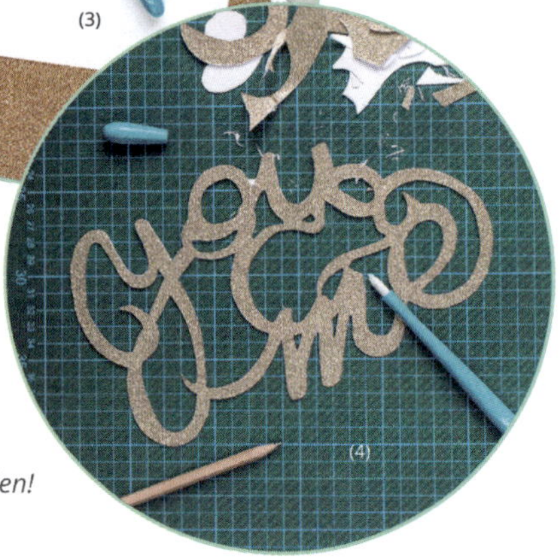

Du kannst die Außenkontur auch mit einer Schere schneiden!

PRAXISBEISPIEL

Tipp:
Du kannst deinen Schriftzug auch bei einer Druckerei oder über das Internet aus anderen Materialien wie Holz- oder Acryl-Platten lasern lassen.

PRAXISBEISPIEL

TIPP:
Du kannst den Schriftzug scannen und die Karte dann ausdrucken.[1] Oder du bereitest die Karte am Computer mit Hintergrund und weiterem Text vor, um sie dann im Anschluss mit dem Danke-Schriftzug individuell händisch zu finalisieren.[2]

DANKESKARTE

Einfach mal DANKE sagen. Das sollten wir eigentlich viel öfter! Ganz besonders aber möchte man sich nach der Hochzeitsfeier zum Beispiel bei seinen Gästen bedanken. Nicht nur mit Hochzeitsfotos – nein, in jedem Fall auch mit ein paar persönlichen Worten, bestenfalls handgeschrieben! Beginne auch hier wie bei allen anderen Projekten mit einer Skizzen- und Ideensammlung. Hast du ein bestimmtes Format, das du gerne für die Dankeskarte verwenden möchtest? Vielleicht sind es auch schon fertige Blanko-Karten, die du einfach nur belettern willst, oder aber auch hübsche Geschenkanhänger? Welchen Stil möchtest du verwenden? Hier wieder ein paar Ideen und Anregungen, wie so etwas aussehen könnte:

you
+ me

I
mog
di

be
happy

LOVE

I
you.

smile

Emotionskärtchen

Mal ganz ehrlich: Wer freut sich nicht über kleine Botschaften, die einem den Tag so richtig versüßen? Wie zum Beispiel diese kleinen Emotionskärtchen – so nenne ich sie nämlich. Ich liebe diese ausgefransten Buchstaben, die hier entstanden sind, weil ich die Strichführung mit dem Pinselstift sehr schnell und zackig ausgeführt habe. Dabei habe ich mit dem Pentel Brush Pen einfach „herumgekritzelt" und, wie man sehen kann, auch gespritzt – aber Achtung: Bitte unbedingt für eine gut abgedeckte Schreibtisch-Umgebung sorgen, sonst musst du hinterher den Putzlappen schwingen ...

Die Farbspritzer machst du am besten mit einem herkömmlichen Pinsel und Wasserfarbe.

(1)

(2)

(3)

(4)

Das brauchst du dazu:

einen Brushpen, ein Blatt Papier, einen Pinsel, eine Pipette, eine beliebige Farbe aus der Tube, ein Glas mit Wasser und ein leeres Behältnis zum Farbe Anmischen

So einfach geht's:

- Schreibe zuerst deinen gewünschten Spruch auf das Blatt Papier(1) – du kannst es bei Bedarf im Anschluss auch erst auf das richtige Format zuschneiden.
- Gib etwas Farbe in den leeren Behälter.(2)
- Mische die Farbe mit Wasser an(3) – ich verwende eine Kunststoff-Pipette, um das Wasser vom Wasserglas in den Mischbehälter zu transportieren. Das hat den Vorteil, dass ich sehr dosiert mit der Wassermenge umgehen und bis zur gewünschten Konsistenz mischen kann.
- Wenn die Konsistenz der Flüssigkeit passt (sie sollte nicht zu dickflüssig sein!), kannst du einfach die Farbe mit dem Pinsel über das Blatt Papier sprenkeln.(4)

__TIPP:__ Wenn die Farbe dickflüssiger ist, kann ein schöner 3D-Tropfen-Effekt entstehen.

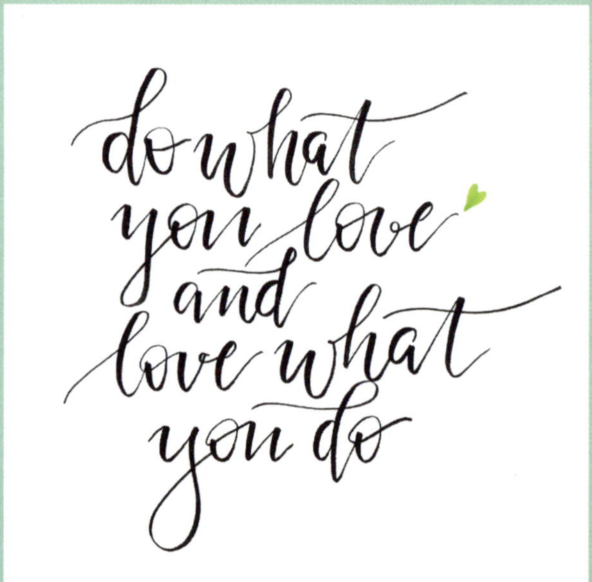

Freie Arbeiten als Inspiration